JN115517

「本当に役立った」
マネジメント
の名著64冊
を1冊にまとめてみた

中尾隆一郎

PHP

はじめに

定期的なインプットで「17％の人材」になろう！

　この本は、皆さんが仕事をする際に役に立つ本を紹介するものです。

　どうしてこのような本を書いたのか？

　それは、この本を手に取った皆さんに「17％の人材」になって欲しいからです。

　そして、その17％の人材になるには、良質な書籍を読むことが重要だと考えているからです。

　私は2000年から23年間、毎年100冊本を読むと決めて、読み続けています。これを決めたのには理由があります。それは17％の人材になりたいと考えたからです。

「17％」は、私が担当した調査に関係する数字です。

　私は、リクルートワークス研究所の調査グループのゼネラルマネジャーを兼務していたことがあります。そこで東名阪の1万7,000人（うち首都圏は1万3,000人）を対象にした「ワーキングパーソン調査2000」を担当しました。

　その調査の中に「過去1か月以内に仕事に関係する情報収集をしたかどうか」を問う設問がありました。

　2000年当時ですので、情報収集と言っても、インターネッ

トはほとんど使われていません。専門家や勉強会、そして書籍や雑誌などが主な情報源でした。

　この設問 **「過去 1 か月以内に仕事に関係する情報収集をしたかどうか」に対して YES と回答した割合が、首都圏では 17％**でした。

　17％、つまり 6 人に 1 人だけが、過去 1 か月以内に仕事に関係する情報収集をしたと回答したのです。

　この数字を高いと解釈するのか低いと解釈するのかは意見が分かれるかもしれません。私は、「かなり低いな」と思いました。

　そして、この 17％、つまり 6 人に 1 人と、残りの 83％、つまり 6 人に 5 人を比較する追加分析を、個人的にしました。

　すると、この 6 人に 1 人は、残りの 5 人よりも、仕事に対しての満足度が高く、貢献感が高かったのです。さらに、条件を同じにすると、所得が高く、役職も高いのです。

　それはそうでしょう。**情報収集をする、つまり新しいインプットをする人の方が、仕事で成果が出やすいはずです。その結果、評価され、仕事への満足感や貢献感も得て、役職や給料が高くなる。**因果関係がありそうです。

　定期的にインプットをするだけでこのようなメリットがある

のは、とても投資対効果が高いと、私は感じました。これをき
っかけに、新しい情報を入手し続けようと決めたのです。

本は上質なインプットができる情報源

そのインプットの情報源を本にしたのにも理由があります。
ちょうどその当時に、初めての本を出版したのです。

本を書くには、本になる何倍もの情報が必要です。その中の
上澄みの情報、つまり、より有効な情報が本になります。し
かも、本には出版社の編集者がついてくれます。そのアドバイ
スを得ることができます。さらに校正者もついてくれるので、
正しい情報になります。それを実感しました。

本は、出版までに時間がかかるので、最新の情報ではないこ
とがあります。しかし、そのデメリットを補って余りあるほど、
上質な情報を得ることができる情報源です。

だから、定期的に本を読もうと決めました。それも、キリが
良い「年間100冊」としました。

けれども、本を選ぶのは骨が折れる……

年間100冊本を読むと決めたものの、本選びが大変でした。
特に当時はそうでした。

今だとインターネットでもランキングや書評が簡単に見られるので、参考にできます。あるいは、flier（フライヤー）などの要約サイトもあります。しかし、当時はインターネットが発達していなかったので、本選びが難しかったのです。

　また、本を選ぶ際に、どうしても偏（かたよ）りが出てしまいます。自分の興味のある分野、著者、あるいは専門などに偏ってしまうのです。

　仕事で成果を出すためなので、自分の興味関心や専門性で選んで良いと思う人もいるかもしれません。しかし、例えばイノベーションを生み出すには、できるだけ違うものを組み合わせるのがコツだったりします。**意図的に関心がない分野の本を選ぶことも大切**なのです。そうすると、必要な時にそれらが繋（つな）がります。アップル創業者のスティーブ・ジョブズが言うConnecting Dots（点と点が繋がる）です。

　だからこそ、自分では手に取らない分野の本も読むと良いのです。

　では、私はどうやって、自分では手に取らない本を選んでいたのか。

　例えば、紙の新聞を取っていた時代は、毎週掲載されている、書評だけの見開きを活用していました。その見開きの四隅（よすみ）にあ

る本で、通常であれば選ばない 2,000 円以下のものを選んでいたのです。見開きで 20 冊くらい紹介されていて、四隅の 4 冊程度にしないと買う本に際限がなかったからです。また、金額に上限を設けたのは、予算の問題と万一失敗しても我慢できるようにでした。そうすると、新聞が選ぶ良い本で、かつ、自分では読まない本を選ぶことができます。

　直近では、松岡正剛さんが主催している AIDA という塾に定期的に参加しています。

　松岡さんは、おそらく日本の歴史上で最も多く本を読んでいる一人だと思います。ご存じの方も多いと思いますが、松岡さんは「松岡正剛の千夜千冊」というウェブサイト（https://1000ya.isis.ne.jp/）を定期的に更新しています。現在（2022 年 10 月）は、実に「1,800 夜」を超えています。

　ここでは、毎回、1 冊の本を取り上げて、その著者にまつわる様々な情報を説明しています。1,800 人以上の著者の本だけでも、ものすごい冊数です。ましてや、読んでいるけれども、まだ「千夜千冊」では取り上げていない数を入れると、松岡さんが読んだ本は想像を超える数になると思います。

　AIDAでは、私が通常なら手に取らない良質な課題図書を与えられるので、AIDAに参加することで、読む本の多様性を担保しようとしているのです。

しかし、それでも多様性は限られています。意識しても、かなり偏ります。

　意識せずに本を選んでいる皆さんは、私以上に偏っている可能性があります。それでは、Connecting Dots は起きません。

本書では、どうやって本を選んだか

　前述の通り、私は23年間、年に100冊の読書を続けています。10年前からは、読んだ本を Facebook に書評として挙げています。その一部は、私が経営している株式会社中尾マネジメント研究所の「Nakao Library」(https://nminstitute.jp/nakao-library) に取り上げています。

　その関係で、どんな本を読めば良いか、アドバイスを求められることがあります。しかし、これがなかなか難しい。**その人の目的や状況によって、適切な本は異なる**からです。

　しかも、アドバイスをしても、本を実際に読んでくれたのか、そして、それが役に立ったのかを知るすべもありません。

　では、この本では、どうやって本を選んだのか？　そんな疑問を持つ人もいると思います。もっともなことです。

　基準は３つあります。

　１つは、私自身が29年間勤めていたリクルートで、事業運

営や会社運営の参考にしていた本です。自分自身の経験から、
役立つ本を選びました。

　しかし、それだけでは偏りが大きすぎます。リクルートの、し
かも私が経験した部署だけで有効な本かもしれないからです。

　そこで、２つ目の基準にしたのは、自分が経営を任されてい
た２つの組織で、管理職育成のために主催していた「中尾塾」
での経験です。

　この塾では、９か月かけて、管理職に必要なスキルとして
PE（People Empowerment：自分も含めて、人をやる気にする力）
とPM（Project Management：仕事を進める力）を身につけても
らっていました。そのために、毎月２冊、９か月で合計18冊
を課題図書としていました。合計100人程度の管理職を、こ
の中尾塾を通じて育成した中で、ビジネスを進めるのに本当に
有効な本がどれなのかを把握できたのです。

　これで、リクルート内の話ではありますが、私以外の管理職
も活用できる本を選ぶことができました。

　さらに、３つ目です。
　私はリクルートを卒業（リクルートでは退職することを「卒業」
と呼びます）して、独立した後、対象を経営者とした新生の中
尾塾を主催しています。現在は、20代から60代まで、上場

企業からスタートアップまで、そして業種も様々な経営者が、2023年現在、60名（累計約150名）参加してくれています。ここでも毎月2冊、課題図書を出しています。

　また、課題図書に加えて、毎週1回、4人1組のG-POP®（ジーポップ）版GC（グループコーチング）というミーティングをしています。ここで私は、参加する経営者の具体的な課題に対してアドバイスをします。その際にも、参考になる本を紹介しています。

　この場では、実際にその本を読んだのか、それを活用したのか、その効果は出ているのかも、手に取るように理解できます。

　これで、リクルート以外の様々な規模、業種の経営者にも有効な本を選ぶこともできるようになりました。

　ですので、本書で紹介した本は単によく読まれている本ではなく、**様々な立場のリーダーが実際のビジネスで役に立てられる可能性が高い本をピックアップ**することができました。

　その結果、古典から最新刊まで、様々なジャンルの良質な本を選ぶことができたのではないかと自負しています。

　解説も、単純に本の内容の紹介だけではなく、私や中尾塾の参加者に関係するエピソードを中心にしました。

　また、本を購入する前に要約を読んでから判断したい方向け

に、本の要約サービス「flier（フライヤー）」に要約が載っているものは、そのことがわかるようにしておきました（無料コンテンツを除いて、要約の全体を読むには flier の有料会員になる必要があります）。

　この本を読んで、1 冊でも多く、皆さんの仕事に役立つ本との出会いがあれば、とても嬉しいです。

2023 年 1 月

中尾隆一郎

Contents
「本当に役立った」マネジメントの 名著64冊を1冊にまとめてみた

第1章 人に関する 課題を解決する7冊

第2章 チームマネジメントの課題を解決する11冊

第 **4** 章

人材育成の
課題を解決する5冊

第 **5** 章
商品・サービスづくりの
課題を解決する 8 冊

第**6**章
事業運営の
課題を解決する 9 冊

_第 **8** _章

お金の
課題を解決する3冊

装幀――小口翔平 + 後藤司（tobufune）

本文デザイン・図版作成――WELL PLANNING（浅野邦夫・吉田優子）

第 **1** 章

人 に 関 する
課題を解決する7冊

部下と電話で話したいのに、部下からの連絡はチャットばかり……

部下とのコミュニケーションは重要で、それは対面、もしくは電話が丁寧だと思う。一方、部下はメールやチャットが効率的で、対面や電話では仕事の時間が奪われると感じているようだ。

この課題にはこの本！

正しく
生きるとは
どういうことか
池田清彦

『正しく生きるとは
どういうことか』
池田清彦／新潮文庫

この本から学ぶポイント 3つ

01 自分が納得した規範（常識）に従って生きるのが重要（善く生きる）

02 他人も、他人が納得した規範（常識）に従って生きている

03 対人関係は、自分の都合だけでは決められず、試行錯誤から構築する

常識、規範、ルールは時代によって変わる

　かつては、商談（顧客とのコミュニケーション）は対面が常識でした。「電話で営業するなんて手抜きだ」という時代がありました。しかしその後、電話営業も当たり前になりました。

　私がいたリクルートでも、メールの導入直後は、メールを送った後に電話で「メールを送りました」と伝える、あるいは、メールを送った人の机に「メールを見てください」とメモを貼るのが常識だという時代がありました。ところが今は、「電話は相手の時間を奪うので迷惑だ」という話も出てきます。メールのCCもやめて、チャットでのコミュニケーションにして欲しいという声も強くなってきています。

　この本を読むと、こうした常識の変化はコミュニケーションだけに限らないことが理解できます。例えば、人は平等だと言いますが、歴史を紐解けば、かつては特定の属性の人だけが平等だったことがわかります。男性だけが平等であった時代が長く続きました。それが、女性、奴隷、異人種へと広がってきたのです。今後は、受精卵、初期胚、胎児、脳死者をどう考えるのかがテーマになってくるでしょう。

　あなたが常識だと考えていることは、時代、あるいは世代、地域、国民、宗教など、様々な状況によって異なっていて、

時間とともに変化します。ところが日本では、すべての人の常識、規範、ルール（以下、まとめて「規範」）が一致していると勘違いしている人が多いのです。

「善く生きる」ことと「正しく生きる」こと

この本で言う「善く生きる」とは、自分自身が納得した規範に従って生きるということです。当然、他人も他人が納得した規範に従って生きています。そして、**あなたの規範と他人の規範の重要性は同一のはずです。**

両者の規範が一致すれば良いのですが、必ずしもそうではありません。だから、**対人関係の行動規範は、自分の都合だけで決められず、試行錯誤から作り上げるしかないのです。**説明もせずに、一方的に自分の規範を相手に押し付けることはできません。

つまり、「善く生きる」は個人一人の問題であり、どのような常識を持とうと、それは個人の自由です。しかし「正しく生きる」には、自分の常識を相手に押し付けるのではなく、折り合いをつける必要があるのです。

規範に縛られすぎてはいけない

そもそも規範は恣意的であり、フィクション（仮構）だということを知っておく必要があります。前述のように、時代など様々な状況で変化します。

だから、会社の規範や学校の規範に、あまりにぴったり合

わせないことが重要です。当たり前ですが、今、所属している組織からは、いつか卒業します。**ぴったり合わせすぎると、組織を離れた時に、自分自身の規範を建て直すことが困難になります。**

それは道徳であっても同じです。道徳も法律も自分が選んだ規範であり、法律や道徳であるという理由だけでは、従わなければならない根拠にならないのです。もちろん、法律に従わなければ罰則などはあるかもしれませんが、それが嫌でなければ従う必要もないし、ましてや他人に強要することもできません。

自由で平等な社会では、人はでき得る限り自由に生きる権利があります。やりたいことをやり、やりたくないことはやらない自由があるのです。それで社会が安定的に機能するならば、規範を作る必要はないのです。

ただし、大事なポイントがあります。この「やりたい権利」は自分にだけ適用されます。**相手から受ける権利（他人にやさしくされる権利、愛される権利など）はない**ということを押さえておく必要があります。自分が相手を愛する自由はあるけれど、相手から愛される（相手に自分を愛することを強要する）権利はない、ということです。

他人のやりたい（やりたくない）権利を侵害した行為は処罰されるべきであり、そこで法律が必要になるという理屈です。人は、他人がやりたい権利を侵害しない限り、何をしても自由なのです。

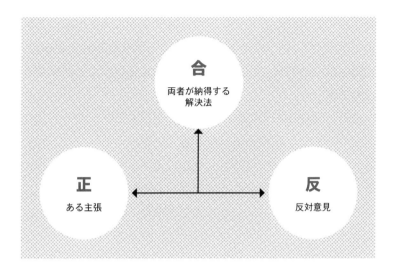

☑ 中 尾 の ま と め

　他人は、自分とは異なる規範（常識）を持っている
ものと考えましょう。他人の規範と、自分の規範は、
原理的には等価です。だから、**まず相手の規範を承認
することが第一歩**。両者に齟齬（そご）がある場合、どう調整
するのかは、次の問題です。さらに個人的な規範を調
整する一般的（理想的）な方法があるのかは、まった
く別の問題です。

　理想的な方法の例は、弁証法で言うアウフヘーベン
（止揚（しよう））。「正・反・合」ですね。一つの判断（正＝定立）
と、これに矛盾（むじゅん）する他の判断（反＝反定立）とを、高
度な総合的な判断（合＝総合）にすることです。

1_2 対立・揉めごとの解消

> 同じプロジェクトに、
> 元上司と元部下て、今はそれぞれ
> 別の部署のリーダーを務めている
> メンバーがいるのですが、
> それぞれの部署の利益を主張して対立し、
> 関係が悪化しています……

これは私が実際に経験した状況。管理職とメンバー、営業と製造、子会社や部門間など、組織内では大小様々な対立が起こりがちだ。

この課題にはこの本！

『紛争の心理学』
A・ミンデル／講談社現代新書

この本から学ぶポイント3つ

01 すべての人に異なる個人の力（ランク）がある

02 表に出る言葉とその裏に隠された言葉がある（ダブルシグナル）

03 感情の対立（ホットスポット）は、ランクとダブルシグナルと結び付いている

対立を「平時のミーティング」で解決

　元上司と元部下は、トラブルが起きるたびに、どちらの部署が原因なのかということで大揉めしていました。

　元上司は、元部下が自分と同じ立場になったことで、自分のランクが相対的に下がったように感じていました。元部下が自分と同じ立場で発言するのが許せなかったようなのです。しかも、彼らがコミュニケーションを取るタイミングはトラブル時だけでした。

　私は、彼らが平時（何も起きていない時）にコミュニケーションを取れば関係が改善するのではないかと考えました。そこで、毎月２人でミーティングをするように指示しました。

　最初の１〜２か月はぎこちなかったのですが、しばらくすると現状を共有し出し、相互に支援し出しました。その後、トラブルが起きても前向きに改善する関係になりました。

「ランク」と「ダブルシグナル」

　この本では、個人が持つ力のことを「ランク」と呼んでいます。そして、すべての人はランクが違うという前提に立っています。人は平等ではなく、ランクが違うのです。

　そして、自分のランクが高くなると、それが他者に否定的に影響することに気付きにくくなります。

　例えば、経営者は自分の権力を忘れ、（ここまでやっているにもかかわらず）部下が不平を言う理由がわかりません。高

学歴者は、低学歴者が（冷静さを忘れて）感情的に話をする理由がわかりません。強い国家は、自らの力が、より小さな発展途上国に与える影響を忘れています。

　表に出ている言葉と、その裏に隠れている（本人も自覚していないケースが多い）シグナルが違っていることを、「ダブルシグナル」と言います。

　例えば、ミーティングで黒人が感情的に自分の状況を伝えました。それに対して、白人が「感情的に意見を言うのではなく、論理的に話をするように」とアドバイスします。一見、正しく聞こえますが、ここに、この白人自身が気付いていないダブルシグナルが隠されています。それは、「私が正しいので、私の意見に従いなさい」というものです。

「人は平等であり、ランクやダブルシグナルなどない」と表面的な解釈をしても、対立構造を理解し、解決することはできません。

　国、性別、人種、見た目などのランクにより、主流派ではなく、周辺部に追いやられている人たちがいます。ランクの高い人は、周辺部にいる人の存在を無視しています。ランクの低い人たちが感情的になって初めて、主流派のランクの高い人は注目するのです。

ランクの高い人は無自覚に圧力を与えている

　異性愛（男女）カップルも、主流派として多くの力（ランク）を持っています。あなたがシングル（未婚者）であれば、カップルのランクやその力に気付いているでしょう。カップルは、無自覚に、シングルを楽しんでいる人に対して何か問題があると考えがちです。

　レズビアンは、同性愛差別と性差別の二重の負荷（ふか）に耐えなければなりません。彼女たちは、子どもを産むことや伝統的な家族観に従うように圧力を受けているのです。

　仕事の場面、国と国の関係、様々な人と人との関係で、ランクとダブルシグナルが起きています。無自覚な主流派の発言と、（他に方法がないにしても）ランクの低い人たちの感情的、場合によっては暴力的な発言や行動、テロリストの行動もこれで説明ができます。

「ホットスポット」に気付こう

　これらの感情的な対立状態を、この本では「ホットスポット」と呼んでいます。「怒りや驚きの瞬間、あるいは凍りつく瞬間」（p.137）である「ホットスポット」は、ダブルシグナルと本質的に結び付いています。有能なファシリテーターは、そのホットスポットに気付き、**ダブルシグナルの背景にあるものを探究します**。その場合、まず相手を理解しようとする姿勢が重要です。

☑ 中 尾 の ま と め

　ランク（個人や組織の力）が高い人のダブルシグナル（表面的な言葉と隠された言葉）に、ランクが低い人が感情的に反応し、紛争が起きます。このホットスポット（感情的な対立）を解決するには、比喩としては、「長老としてのスタイルを見出すこと」（p.218）がポイントです。

　冷静に現状分析をし、何が起こっているのか解釈し、解決策を考えるのです。そして、それから現場に介入し、解決策を実行しましょう。

もっと周囲から信頼されたいと思っているのに、それが実現できず、悶々としています……

例えば、好感を持たれるような態度を身につけたり、気の利いた会話を心がけたり、他人の役に立つように意識したりしているはずなのに、どうもうまくいかない。

この課題にはこの本！

愛するということ

谷川俊太郎
読む者の人生経験が深まるにつれて、
この本は真価を発揮すると思う。

弘中綾香　テレビ朝日アナウンサー
愛するということを、
生まれながらに出来る人なんていない。

30年ぶりに訳文に大幅に手を入れた、改訳・新装版！　紀伊國屋書店

フロム　生誕
120年　紀念

THE ART OF LOVING
Erich Fromm
エーリッヒ・フロム
鈴木晶=訳

『**愛するということ**』
エーリッヒ・フロム／
紀伊國屋書店

この本から学ぶポイント**3**つ

01 世間の人は愛を（周囲から）愛されるという問題だと勘違いしている

02 愛するのは技術であり、習得するためには知力と努力が必要

03 他人を愛するためには、自分の人生を充実させる必要がある

信頼を得ようとして空回りした経験

私が社会人3年目、営業リーダーだった時代のことです。時は好況期の最後。後から考えると不況への変曲点でした。歴史はこの時代を「バブル崩壊」と名付けました。

当時は誰もが好況が続くと信じていました。ところが、何かが変なのです。受注するそばから、受注額以上のキャンセルの連絡が別の顧客から来るのです。目標数値に全然届かない日々が続きました。

業績が悪いとメンバーとの関係がギスギスします。営業会議でも怒号が飛び交います。何とかしなければいけません。メンバーとの関係性を再構築しようと、飲み会をしたり、営業の帰りにお土産を買ってきたり、週末に一緒に過ごそうとしたりしました。でも、すべてが裏目に。「こんなにしているので、信頼して、ついてきて欲しい」という意図が丸見えだったのです。私の下心が透けて見えたのです。メンバーに見返りを求めたり、何かをしてもらったりするために行動をしていたのです。

ここまで極端ではないにしても、当時の私と同様の状況で悩んでいるリーダーは少なくありません。

愛は技術である

この本を読むと「愛は技術だ」ということが理解できます。愛を「信頼」と置き換えて読むと、今回のテーマの解決策に

なるでしょう。

愛は技術です。ところが、「たいていの人は（中略）愛する能力の問題としてではなく、愛されるという問題として捉えて」（p.11）います。そして、（周囲から）愛されるために「社会的に成功し（中略）富と権力を手中におさめ（中略）外見を磨いて自分を魅力的に」（同）しようとします。加えて、「好感をもたれるような態度を身につけ、気のきいた会話を心がけ、他人の役に立ち、それでいて謙虚で、押しつけがましくないようにする」（同）のです。そして、相手から愛されることを求めます。このような人たちは、愛する「能力」を習得しようとは、まったく考えていません。

積極的な行動のないところに愛はない

人は、孤独から逃れるために、集団や他者に表面上同調することがあります。しかし、そこには真の一体感はありません。一体感がある状態、つまり他者や集団との融合、その状態が、「愛」です。

そもそも、「愛とは、愛する者の生命と成長を積極的に気にかけること」（p.47）です。この積極的な行動のないところに愛はありえません。

そして、著者のフロムは、愛とは、特定の人間に対する関係ではなく、世界全体に対して人がどう関わるかを決定する態度や方向性であるとも言います。つまり、ここで取り扱う愛とは、異性愛に限らず、隣人愛（兄弟愛）、母性愛、自己愛、

神への愛など多岐にわたるのです。

　だからこそ、他者を愛するためには、自分自身が成熟した人格と愛を生み出す能力を保有する必要があります。自分自身の人生が充実していなければ、自分自身を相手に与えられず、他者を愛する勇気も持てないのです。

愛するために必要なこと

　大前提として、人を愛そうとしても、自分の人格全体を発達させ、それが生産的な方向へ向かうように全力で努力しないかぎり、決してうまくいきません。特定の個人への愛から満足を得るためには隣人を愛せなくてはならないし、真の謙虚さ、勇気、信念、規律がなくてはならないのです。

　現代人は、心の底から愛を求めているのに、愛より重要なことがたくさんあると考えています。例えば、成功、名誉、富、権力。これらを得るためにエネルギーの大半を使い尽くしています。だから、他人を愛することに対しての時間やエネルギーが少ないのです。

　仕事とプライベートは繋がっています。プライベートに悩みがあると、仕事にも支障が出ます。その逆も然りです。うまくいっていると、もう一方にも良い影響が出ます。

　もしあなたが仕事一辺倒であれば、家族や親、そして大事な友人に対しても、時間やエネルギーを使うことを考えてみてください。

周囲を愛したい。その「技術」を
習得するために努力している

自分自身の人生の充実

自分の人格全体の発達

真の謙虚さ・勇気・
信念など

周囲から愛されたい。
その努力もしている

☑ 中 尾 の ま と め

　フロムが言う「愛」を「信頼」に置き換えて読んでみ
てください。愛は感情ではなく、意思であり、技術な
のです。しかし、世の中の人は「いかに愛されるか」
「誰を愛するか」しか考えておらず、「どう愛するか」
が抜け落ちています。

　愛は医学や工学などと同じく技術なので、理論を学
び、その後、実際に習練が必要です。

　そして、相手を愛するためには、何よりも自分自身
の人生を充実させ、成熟した人格と愛を生み出す能力
を備える必要があります。自分自身のことを愛するこ
とができない人は、他人を愛せないのです。

1_4 組織を壊す人への対応

中途採用した管理職が派閥を作り、昇進させるよう迫ってきています……

入社した人の半数が3か月で退職。マネジメント力強化のために管理職を中途採用したので、これで大丈夫だと思っていたのだが……。

この課題にはこの本!

『HARD THINGS』

ベン・ホロウィッツ／
日経BP

flierに要約があります
（右の2次元バーコードを読み込んでください）

この本から学ぶポイント3つ

01 困難な問題
（HARD THINGS）
に対する向き合い方

02 成功するリーダーは
投げ出さず最後までやる

03 著者の経験に比べれば、
私の困難な問題など
何とかなる

優秀な社員の不当な要求にどう対処するか

　本当に難しいのは、優秀な人材を採用することではなく、その人が既得権（きとくけん）にあぐらをかき、不当な要求をし出した時の対処です。 このケースはまさにそれです。これはフィクションではなく、中尾塾（経営者塾）のある参加者の会社で起こったリアルストーリーです。

　離職率を低減するためにマネジメント職を採用しました。これで問題解決かと安心した矢先（やさき）に、その人が数人のメンバーと徒党を組み、他のメンバーに対して、経営陣についてあることないことを吹き込みました。その結果、メンバーからの経営陣への不信が高まりました。そして、自分を経営幹部にするように交渉してきたのです。

　メンバーと良い関係を作っているその人を幹部にするのが良いのかもしれないと思った瞬間も、正直あったということです。しかし、この事業を本気で愛を持って運営できるのは自分たちだと考え直しました。

　そして彼には、辞めてもらうことにしました。理由は、自分に合う人、従う人だけで派閥を作り、それに従わない人を排斥（はいせき）しようとしたことです。こんなことをしていては、事業は成長できません。幸いと言うか、彼の費用申請の一部に私的なものが含まれているのを発見し、それを理由に退職してもらうことにしました。

その後、自分たちもマネジメントを学び直し、メンバーとのコミュニケーションも大幅に改善。離職率も大きく低減させることができました。

最も困難なことにマニュアルはないが教訓はある

この本の著者は、マネジメントの本を読むたびに、「なるほど。しかし、本当に難しいのはそこじゃないんだ」（p.10）と感じていたと言います。「本当に難しいのは、大きく大胆な目標を設定することではない。本当に難しいのは、大きな目標を達成しそこなったときに社員をレイオフ（解雇）することだ。（中略）本当に難しいのは、会社の組織をデザインすることではない。本当に難しいのは、そうして組織をデザインした会社で人々を意思疎通させることだ」（p.10）。

これらの複雑で流動的な問題には、決まった対処法はありません。**特に困難なことの中でも、最も困難なことには、一般に適用できるマニュアルなどない**のです。ただし、「**こういう困難な経験から得られる教訓もあるし、有益な助言もある**」（p.11）と言います。この本は、著者自身が直面し、対応した、そうした経験について語ったものです。

不当な要求を予防するためには

この本には、たくさんのトラブルへの対処法が載っています。いわゆるリスクマネジメントです。

リスクマネジメントには「予防策」と「発生時対策」の2

種類があります。先ほどの社員の解雇は、発生時対策です。一方、そもそも**解雇を起こさないための最大の予防策は、むやみに採用しないこと**です。

日本企業は生産性が低いという話を聞いたことがあると思います。生産性は付加価値（売上－他社に支払う費用）÷社員数です。生産性が低いということは、社員数が多いのです。**その人を増やすことで、現在の1人当たりの付加価値が高まるのか。その1点で増員を考えると良いでしょう。**

品は位で功は禄で

また、このケースでは、離職率が高いという問題を、マネジメントスキルがある人材を採用して解決しようとしました。それ自体は問題ないのですが、管理職にどのような人材を置くのかという判断軸が不足していたのかもしれません。

管理職に置く人材についての私のアドバイスは1点で、「品は位で功は禄で」です。これは『書経』にあり、西郷隆盛が広げた言葉です。管理職に任命する人には「品性」を求める。業績を挙げた人には「報酬」で報いるということです。品性とは、私心が少なく、周囲から尊敬される人材ということです。**品性がない人を管理職にすると組織が乱れます。**ところが、業績を挙げた人を管理職にしないといけないと勘違いしている会社、組織が多いように感じます。

このケースは、品性がない人を幹部にしてはいけないという典型例ですね。

優秀な人材を
採用するのは難しい

↓

優秀な人材が不当な要求をした時、
それに適切な対処をするのは
もっと難しい

☑ 中 尾 の ま と め

　ここまでわかりやすい話ではなくとも、リーダーにふさわしくない人物がリーダーのポジションにいるケースはあります。「人は自分が無能になるポジションまで出世する」というピーターの法則などが理由です。そのポジションにふさわしくない人物をそこに留まらせていると、組織が腐っていきます。断固として降格してもらうべきです。

　かつて、販売会社を再編する際に、その渦中にいたことがあります。当初、仕事をしない上司がたくさんいたのですが、1年後にほぼ全員が退職していきました。おかげでとても仕事がしやすくなりました。そして、きちんと仕事をしないと残れないのだということを認識したのを覚えています。

常に不機嫌な
顔をしている先輩がいて、
周囲に嫌な気分が
伝播しています……

かつては抜群の成績を挙げていた先輩社員だけに、何も言うことができなくて、困っている。

この課題にはこの本！

不機嫌は罪である

齋藤 孝

角川新書

『不機嫌は罪である』
齋藤 孝／角川新書

この本から学ぶポイント 3つ

01 不機嫌には、
もはや何の力もない

02 特に職場で
不機嫌であることの
不利益は計り知れない

03 初心者は
「おだやかな上機嫌」を
目指そう！

不機嫌は罪である

　いつも怖そうな先輩がいました。専門職の先輩で、その仕事は本当にできるのです。しかし、身体が大きくて、いつも不機嫌そうに見えたのです。本人に悪気（わるぎ）はないのですが、若手を萎縮（いしゅく）させてしまっていました。

　年下の上司が、意を決して、その先輩に話をしてくれました。

「先輩の専門職のノウハウは、ぜひとも若手に伝授して欲しいと思っています。ただ、世の中が変わったということは認識していただきたいです。若手が聞きやすい雰囲気を作るのも仕事です。それができないのであれば、いかに成果を出したとしても評価できません。わかってください」

　10年以上前の話です。先輩は行動を変えて、にこやかな笑顔で社内報に登場しました。そんな一面を見た若手たちは、先輩に様々なノウハウを学びに近寄って行きました。

　不機嫌な人と接すると不機嫌が伝染してしまい、空気がよどみ、すべてが不機嫌の空気に包まれてしまいます。誰もが、不機嫌な人とはできるならば付き合いたくないと思うのは当たり前です。**不機嫌な人が１人いると職場での仕事の効率が下がり、関係性も悪化する**のです。職場ばかりではありません。家庭でもそうです。不機嫌であることは、何も良いことがありません。

職務として上機嫌が求められている

「上機嫌は、今や『職務』です！」と、この本の帯に書いてありました。「なるほど」って感じですよね。

不機嫌には、もはや何の力もない。まずはこの事実を深く胸に刻み付けましょう。グーグルの調査でも、心理的安全性が高いことが職場に高い生産性をもたらすことがわかっています。不機嫌な人がいたら生産性が落ちるのです。

特にインターネットの時代においては、**文字に残るものでは基本的には不機嫌をあらわにしない！**　これは必須です。

まずはおだやかな上機嫌を目指そう

とはいえ、初心者が最初から「すごく上機嫌」でいるのは厳しいかもしれません。まずは、「おだやかな上機嫌」を目指しましょう。

「おだやかな上機嫌は、次の四つの要素から成り立ちます。

・自己を客観的に見つめ、コントロールできる
・他人を気遣い、場の空気を読む余裕がある
・からだがしなやかで、オープンな雰囲気がある
・こころが内にこもらず、自分を笑い飛ばす器量がある」(p.97〜98)

不機嫌は「状態」なので、体の調子を整えることでも改善できます。深い呼吸をマスターすると、コミュニケーション

力が向上するのです。

フランスでの「不機嫌ではない」体験

　日本にいると、コンビニやスーパーのレジでもたもたしている人がいると露骨に嫌そうな顔をしたり、極端な場合は舌打ちをしたり、不機嫌になる人が少なくありません。私もそうでした。

　ところがフランスのスーパーマーケットのレジは違います。フランス語を話せない人がたくさん生活していますし、しかも個人主義の国でもあるので、レジで時間がかかっていたとしても、皆待っているのです。もし、何か変な発言をする人がいると、その人に対して「品性がない」と諫めます。

　もちろん、すべてのレジのすべての人がそうではありません。しかし、誰かがゆっくりしていることに対して、極めて寛容なのです。

　レストランもそうです。フランスはチップ制ではありません。だから、客の回転率を高めてチップをたくさんもらおうという行動をする必要がありません。私がフランス語がわからないと知ると、英語のメニューを持ってきたり、コミュニケーションを取ろうとアジア人を連れてきてくれたりするのです。もちろん、同じアジアでも日本語が話せないと意味はないのですが、その行為だけでもほっこりし、上機嫌になっていきます。

不機嫌ではないのに不機嫌に見える

↑

加齢により体が硬くなり、
表情も硬くなっているかも。
40 歳以上は可能性あり

☑ 中 尾 の ま と め

　この本の冒頭に書いてあるのですが、年齢を重ね
ると、特段不機嫌というわけでもないのに不機嫌に
見えてしまう、「加齢臭」ならぬ「不機嫌臭」が出
てきます。歳をとって体が硬くなり、全体的な柔軟
性が失われると、表情が硬くなるのです。40 歳を
超えたら、それまでと同じにしているつもりなのに、
何だか不機嫌に見える可能性が高まると知っておく
と良いでしょう。

　特にテレビ会議では顔が大きく映るので、2 〜 3
割増しで笑顔にするのが重要です。まずそこから
やってみませんか。

1_6 どんな人を信用すれば良いのか

様々な人が様々な意見や
アドバイスをくれます。
どの話ももっともらしく
聞こえてしまいます……

最終的に判断するのは自分だとわかっては
いるが、いったい誰を信用すればいいのか。
自社にとって最適な人を選択する時間（取
引コスト）を下げることはできないものか。

この課題にはこの本！

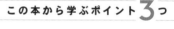

TALEB

身銭を切れ

SKIN
IN THE
GAME

不確実で予測不可能な世界で
私たちがとるべき「生き方」とは

「リスクを生きる」人だけが
知っている人生の本質
NASSIM NICHOLAS TALEB
ナシーム・ニコラス・タレブ
望月衛監訳／千葉敏生訳　ダイヤモンド社

魂を捧げた先にしか、
価値ある「生」はない。

『身銭を切れ』

ナシーム・ニコラス・
タレブ／ダイヤモンド社

flierに要約があります
（右の2次元バーコードを読み込んでください）

この本から学ぶポイント **3**つ

01 発言する人は
行動で示すべきである

02 行動する人のみが発言を
許されるべきである

03 うまくいかなければ
相応のペナルティを支払う
人を信用しよう

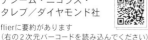

自分の会社名に苗字を付けた理由

　私は 2019 年 1 月に自分の会社を立ち上げました。最終的には「株式会社中尾マネジメント研究所」としました。当時のメモを見返すと、社名候補として「遊学働研究所」「PLW研究所」「中尾隆一郎マネジメント」「中尾隆一郎マネジメント研究所」などを考えていました。最終的に「中尾」という苗字を社名につけたのは、「万が一恥ずかしいサービスを提供したら自分の名前に傷がつく。そんなことはしたくない」という宣言のようなものの表れでした。

　この本には、「オーナーの名前を冠する商品や企業は、ものすごく貴重なメッセージを発している。『私には失うものがある』と大声で叫んでいるのだ。（中略）企業への献身と商品への自信、その両方を如実に示している」（p.74）とあります。まさに、そんな気持ちでした。

身銭を切らない人を信用してはいけない

　この本は、『ブラック・スワン』や『反脆弱性』（ともにダイヤモンド社）などを書いたタレブの著書です。タレブが言っているのは、「自分でやっていない人に騙されてはいけない」「数字でごまかすやつに騙されてはいけない」「科学を装うやつに騙されてはいけない」「リスクを負わない人に騙されてはいけない」ということです。

　そして、そうした「身銭を切らない」人の例として、コン

サルタント、官僚、政策通、国と繋がっている大企業、企業幹部、データをいじくる専門家、理論家、分析屋、政治家、銀行家などを挙げています。

逆に身銭を切る人の例としては、**商人、ビジネスマン、市民、起業家、実験の専門家、投機家、活動家、ヘッジファンドのトレーダー**などを挙げています。理解しやすいですね。

また、「**常に身銭を切らずに（中略）生きてきた人間は、複雑で中央集権的な解決策を求め、シンプルな解決策を親の敵<ruby>敵<rt>かたき</rt></ruby>のように毛嫌いする**」（p.281）と言います。これも1つのチェックポイントです。

「安物買いの銭失い」をした経験

私自身の失敗談です。会社合併時に両社の顧客リストを統合（名寄せ）する必要がありました。3社ほどに見積もり依頼をしたところ、そのうちの1社が残り2社の半分の提示額を出してきました。その根拠を確認すると「過去の名寄せの経験から実績がある」と言うのです。それを信じて、その会社に名寄せを依頼しました。

ところが、実際にプロジェクトが始まると、進捗<ruby>進捗<rt>しんちょく</rt></ruby>しません。そして、最後には費用が倍になるという話になりました。事前情報が少なかったからだと言います。

私たちにも言い分があります。名寄せの経験があり、他社よりも安価なので発注したのです。要望通りの情報を提出していました。それを、後出しじゃんけんよろしく、「費用は

倍です」では納得いきません。しかし、費用がかかるのは事実です。痛み分けで、増加分の半分を負担することで折り合いをつけました。後味の悪い経験です。

その後、システム会社に異動になった際に、合い見積もりで一番安い会社には発注しないルールがあると聞き、誰を信じれば良いのかが仕組み化されているのを知りました。

騙されてもよい人に対して、騙されてもよい額を決める

R&D（研究開発）部門の年間予算を決める際に、いくつかの会社にヒヤリングをしたことがあります。その際に「世界最高の研究所は？」という議論になり、複数の方が「ベル研究所ではないか」と話されました。ベル研究所は何人ものノーベル賞受賞者を輩出しました。しかし、その後、親会社が変わって、かつての輝きを失いました。

何が変わったのか。以前のベル研究所は、予算の上限額は決めるのですが、短期の投資対効果を求めませんでした。極論すると、経営者は、当時の研究所長に騙されても良い額を決め、それを予算上限額にしたそうです。ところが親会社が変わった後は、投資対効果を毎年求められたそうです。

私は、この話を受けて、「誰がR&D部門を担当できるのか」「いくらまでなら騙されても良いか」という「人」と「額」を決めました。R&Dに限らず、新商品開発、組織開発、社内コミュニケーションの活性化などでも、同様の判断軸が有効かもしれません。

身銭を切っている人
商人・ビジネスマン・市民・起業家・実験の専門家・
投機家・活動家・ヘッジファンドのトレーダー

身銭を切っていない人
コンサルタント・官僚・政策通・国と繋がっている
大企業・企業幹部・システムをいじくる科学者・理論家・
データマイニングや観察研究の専門家・政治家・銀行家

(『身銭を切れ』p.93 より)

☑ 中 尾 の ま と め

かつて、大手企業の系列企業群や、メインバンクが同じ企業群がありました。この企業群の中では誠実な取引が求められていました。私はリクルートの OB ですが、その OB 同士の取引も類似しています。ここで変なサービスを提供すると、このネットワークで仕事ができなくなります。

しかし、インターネットによって、系列を超えて取引をすることが簡単になりました。その一方で、信頼できるのかどうかを確認する取引コストが増加しています。

この本では、どのような人を信頼すればよいのかが学べます。

コンサル会社は 強みも価格も様々。どうやって 選べば良いのか……

コンサルは高いし、何となく怪しい気もする。実際、「頼んだけれども成果が出なかったので、二度と頼みたくない」という話を聞くこともある。そうはなりたくない。自社に合ったコンサル会社は、どのように選べば良いのか知りたい。

この課題にはこの本！

申し訳ない、
御社をつぶ
したのは私
です。
コンサルタントはこうして
組織をぐちゃぐちゃにする
カレン・フェラン 神崎朗子訳

Karen Phelan
I'm Sorry I Broke
Your Company

『申し訳ない、御社を
つぶしたのは私です。』

カレン・フェラン／
だいわ文庫

flierに要約があります
（右の2次元バーコードを読み込んでください）

この本から学ぶポイント 3つ

01 最適な方法
（コンサル会社）は
状況と目的により決まる

02 コンサルタントに
丸投げせずに
自ら考えることが重要

03 コンサルタントは
得意分野があり、
実力の差がとても大きい

「KPIはこれです」と報告した若い日の私

　KPI（Key Performance Indicator）などという言葉がなかったころの話です。当時私が在籍していた会社の経営者が「飛行機のコックピットのように、数値を見ながら経営する」という話を外資の大手コンサル会社に依頼しました。その初回のキックオフミーティングに、事業部の部長が集められました。当時課長職だった私は、そこに呼ばれませんでした。それを知ったある先輩部長が私を焚きつけました。

「中尾が一番数値マネジメントをしているのに会議に呼ばれないのはおかしい。キックオフミーティングに勝手に参加して、中尾の考えていることを説明すると良い」

　若かった私は部長の挑発に乗り、初回ミーティングで、まだ誰が参加するのかわかっていないタイミングに乗じ、会議冒頭で資料を配って、私たちの数値マネジメントの体系をプレゼンしました。そして、外部に依頼しなくても答えはわかっていると報告したのです。

　コンサル会社のメンツをつぶした私が、2回目以降の会議に呼ばれることはありませんでした。しかし、半年後の報告内容の大半は、私が初回に報告したものと瓜二つだったのです。それ以降、当社がこのコンサル会社に声をかけることはありませんでした。

　本来、**自社でわかっていることはきちんとコンサル会社に伝え、コンサル会社はそれ以上の価値を提供する**ことが望ま

しい。これが、この本が伝えたい趣旨の1つでもあります。

　ポイントは、クライアントとコンサルタントの正しい付き合い方です。それは、**「コンサルティングにおいて重要なのは方法論やツールではなく、対話である」「クライアント企業は経営をコンサルタント任せにするのではなく、自分たちでももっとちゃんと考えるべきだ」**（p.321「訳者あとがき」）という至極（しごく）まっとうな話です。

　前述のエピソードは私に幸運をもたらしてくれました。これをきっかけに、11年間、社内大学でKPIマネジメントについての講座を持ち、その後、本の出版に繋がったのです。

適切なコンサルタントと仕事をするとビジネスが進む

　全国に何十店舗も新規出店をした経験があります。

　大量出店している業態はたくさんあります。コンビニや商業施設などなど。それらについての書籍を読み、専門家に話を聞きました。それらを参考に、データを分析し、出店候補地を決めます。そして複数の出店候補地でイベントを行い、集客メディアの特性、集客できた顧客の特性などの情報を加え、出店時の集客予測をし、出店を決めていきました。出店数が増えるたびにデータが蓄積され、出店時の集客予測精度が高まっていきました。ここまでは、外部のコンサルタントは不要でした。

　ところが、困ったのが新しく作られる大型商業施設への出店時の集客予測でした。大型商業施設ができると、かなり遠

方からでも顧客がやってきます。大型商業施設が建つ前と後では状況が大きく変わるので、現在の周辺データだけでは意味がありません。

そこで、コンサルタントに依頼しました。我々が従来やってきた活動をインプットに、新たに周辺在住顧客へのサーベイ（アンケート調査）を活用して、新規大型商業施設への新規出店集客予測モデルを作成してもらったのです。

できてみれば、どうしてこういう方法に気付かなかったのかと反省したのですが、いわゆるコロンブスの卵でした。当社の事業モデルを熟知し、経験のある、適切なコンサルタントのおかげでした。

成功のポイントとしては、**コンサルタントに丸投げせず、きちんと私たちがわかっていることはインプットし、やって欲しいことを適切に絞り込んだ**ことが挙げられます。これによりコンサルタントとの共同作業になったのです。

うまくいかないケースでは、丸投げしたり、従来からわかっていることをインプットしなかったり、依頼側が依頼事項を絞り込んでいないことなどがあります。このようなケースでは、コンサルタントは、業界やビジネスモデルの理解などに時間を使い、アウトプットも一般的なものになるケースが少なくありません。そうなると、コンサルティング終了後、残ったものは綺麗な資料だけ。しかも、その内容は実行されないという、目も当てられない結果になります。

うまくいくケース

・クライアントとコンサルの共同プロジェクト
・クライアントの積極関与
・コンサルが対話重視

うまくいかないケース

・コンサル選びの失敗
・コンサルへの丸投げ
・コンサル側の得意なことの押し付け

☑ 中尾のまとめ

　コンサルとうまくやるには、両者の共同プロジェクトであることを認識しないとダメですね。コンサル側の押し付けはもちろんのこと、クライアント側の受け身姿勢は何も生み出しません。

　また、コンサル会社にもコンサル個人にも得意・不得意があるので、それを正確に把握しておくことが重要です。

第 2 章

チームマネジメントの
課題を解決する11冊

> どんな人材を採用し、
> どうやって離職を減らせば
> 良いのでしょうか？

自社に合った人材を採用し、適切に仕事を割り振り、評価し、採用した人材に活躍してもらいたい。しかし、そのためにどうすれば良いのか、様々な意見があって混乱している。

この課題にはこの本！

『NINE LIES ABOUT WORK』
マーカス・バッキンガム、
アシュリー・グッドール／
サンマーク出版

flierに要約があります
（右の2次元バーコードを読み込んでください）

この本から学ぶポイント 3つ

01 一般的に言われている
ことが本当か
疑う必要がある

02 世界で熱意を持って
仕事に取り組んでいる
人は20％未満

03 生産性が向上しないのは、
過去に効果があった方法を
変えないから

世の中で常識だと言われている9つの嘘

　以下の9つはすべて嘘です（この本の各章のタイトルです）。
・「どの会社」で働くかが大事
・「最高の計画」があれば勝てる
・最高の企業は「目標」を連鎖させる
・最高の人材は「オールラウンダー」である
・人は「フィードバック」を求めている
・人は「他人」を正しく評価できる
・人には「ポテンシャル」がある
・「ワークライフバランス」が何より大切だ
・「リーダーシップ」というものがある

現場のリーダーが変えられるのは職場だけ

　リクルートOBの横山清和さんが、リクルート在籍時代に
書かれた『モチベーションリソース革命』という冊子がありま
す。リクルート内では、多くの人がこれを組織づくりの参
考にしていました。私もその1人です。
　これによると、人のモチベーション、やる気の源泉は、会
社型、職場型、職種型、金銭型の4つの組み合せです。つ
まり、「この会社で働いていること」「この職場の仲間と働い
ていること」「この職種で働いていること」「この報酬をもら
えていること」が、その人のモチベーションを作っているの
です。

会社型、職種型、金銭型のモチベーションについては、現場のリーダーは容易に変化させられません。当然ですよね。**現場のリーダーにとって変化が容易なのは、職場型のモチベーションだけ**です。現場のリーダーが注力すべきは、メンバーがやりがいを持てる職場を作ることなのです。

成長「感」と貢献「感」がポイント

私が中尾塾（経営塾）で経営者に伝えている話です。

社員が職場にい続けている。つまり離職しない状態を、どう作れば良いのか。そのポイントは、社員が職場で成長感と貢献感を持てるかどうかです。必要条件は、成長。そして十分条件が貢献です。その職場で社員自身が成長している。そして、その成長により組織に貢献しているということです。

案外忘れがち、あるいは大半の人が気付かないけれど大事なのが、「感」。**社員本人が成長や貢献を感じられるか**です。

しばしば見受けられるのが、周囲から見ると成長できているのに、本人が認識していないケースです。同様に、周囲から見ると十分組織に貢献できているのに、本人が認識できていないケースがあります。あまりにももったいないことです。

実際、その社員本人は成長している。そして、組織に貢献している。にもかかわらず、本人がそれを感じていない状況が続くと、離職する可能性が高まります。

社員本人が成長していないのであれば、成長するように促し、加えて、成長を支援する育成の仕組みを作る必要があり

ます。しかし、これだけだと成長感を持てません。

　では、どうしたら良いのか。**社員との面談を活用する**のがお勧めです。例えば、査定のフィードバック面談、中間面談などで、上司から見た本人の成長ポイントと貢献ポイントを伝えるのです。可能であれば、日々のコミュニケーションで、成長を感じたり貢献を感じたりした話を感謝とともに伝えましょう。そして、それをメモして残しておきましょう。残しておいた内容を整理したうえで、上述のフィードバック面談や中間面談で伝えるのです。

　このような仕掛けをすることで、社員本人の成長感と貢献感を醸成することができます。

最高の人材とは？

　この本では現在のサッカー界の最高選手であるメッシを事例に取り上げています。彼はほとんど利き足だけしか使わずに最高のパフォーマンスを発揮することから、最高の人材はオールラウンダーである必要はないと説明しています。私もなるほどと納得していました。

　ところがこの本が出版された後、2021年にメジャーリーグにオールラウンダーの最高の人材が登場しました。ご存じの大谷翔平さんです。投手としても打者としても超一流です。しかも走るのも速い。走攻守すべてできるオールラウンダーです。そして性格も良いという話も聞きます。最高の人材がオールラウンダーのケースもあるのですね。

ホント

(『NINE LIES ABOUT WORK』p.414 ～ 415 より)

- ●「どのチーム」で働くかが大事
- ●「最高の情報」があれば勝てる
- ●最高の企業は「意味」を連鎖させる
- ●最高の人材は「尖っている」
- ●人は「注目」を求めている
- ●人は「自分の経験」なら正しく評価できる
- ●人には「モメンタム」がある
- ●「仕事への愛」が一番大切
- ●われわれは「尖り」についていく

☑ 中 尾 の ま と め

　前述の大谷翔平さんの話、あるいは私が紹介した事例も含め、「それは本当なのか？」と確認する習慣が必要です。特に人材領域は、従来、数値や科学が入っておらず、HRTech という概念が導入されたのもここ 10 年ほどです。

　ぜひ、「働く」について、定量・定性の両軸で確認してください。

22 メンバーを褒めるか？叱るか？

> メンバーを
> 褒めることが、
> うまくできません……

上司から「メンバーをもっと褒めるように」とアドバイスされた。しかし、あまり褒めたことがないので、どう褒めれば良いかわからない。褒めることで、メンバーが「この程度で良い」と勘違いするのも心配。

この課題にはこの本！

コーチングの神様が教える「できる人」の法則
マーシャル・ゴールドスミス
元マーク・ライター／斎藤聖美=訳

日本経済新聞出版社

『**コーチングの神様が教える「できる人」の法則**』
マーシャル・ゴールドスミス、
マーク・ライター／
日本経済新聞出版社

この本から学ぶポイント **3**つ

01 ついやってしまう
20＋1の悪い癖を
セルフチェック

02 言葉にする前に、
それは本当に伝えるべきか
自問自答しよう

03 人の話を全力で
聞くのが重要。
でもそれが簡単ではない

褒めることで怠け出す人はいない

　この本は、広い範囲で、リーダーとして解消しないといけない「20＋1の悪い癖」を教えてくれます。それを踏まえて、ここでは「メンバーを褒めるか？　叱るか？」について取り上げましょう。

　まず、大前提です。**人は、叱責しても成長しません。**叱責されると、人は萎縮するだけです。

　ところが、この話をすると「自分はハードマネジメントのおかげで成長した」と言う人がいます。それは本当でしょうか。

　その人が若い時代にハードマネジメントを受けたのは事実でしょう。しかし、そのおかげで成長したのでしょうか。つまり、ハードマネジメントとその人の成長には因果関係があるのでしょうか。

　その人は、ハードマネジメントという「理不尽な方法」に耐えられた稀有な人であった可能性があります。もし、ハードマネジメントをされなければ、もっと容易に成長した可能性もあります。

　そもそも「**叱責**」には大きな弊害があります。**多くの落伍者が出るのです。**

　一方で、メンバーの良いところを探し、そこを「褒める」ことには、プラスの効能しかありません。

この話をすると「褒めすぎると、これくらいで良いのだと、怠け出す人が出るのではないか？」と反論する人がいます。しかし、幸いなことに、私の過去のメンバーには、褒めすぎて怠け出した人は誰もいませんでした。

「当たり前」と考えずに感謝しよう

私が主催している経営者塾（中尾塾）では、参加している経営者に褒めることを勧めています。それは、なぜか？

褒めるとは、相手に感謝することです。

感謝の反対語は何だと思いますか？　それは「当たり前」です。メンバーが、あなたやあなたのチームに対して何かをしてくれたことを「仕事だから当たり前」だと考えるのか。仕事であったとしても「ありがたい」と考え、感謝を伝えるのか。どちらがチームの状態が良いでしょうか。

メンバーの立場で考えると答えは自明です。100回に1回失敗した際に、99回の成功については感謝されることも褒められることもなく、その1回について追及され、叱責される。そのようなチームと、99回の日常の成功も感謝され、褒められているチーム。後者の方が良いチームになります。

ですので、中尾塾の塾生には、「1日1褒め」をお勧めしています。週の営業日を5日とすると、週に5人褒めるということです。

それを、毎週のグループコーチングの時に振り返ります。**毎週毎週、誰をどのような内容で褒めたのか記録しておくの**

です。毎週5人、月に20人です。そうすると、年にのべ240人を褒める計算になります。

この記録が後で役立ちます。いつ、どこで役立つのかというと、期末の査定のフィードバック、つまり査定結果を伝える会議です。

私は、査定結果を伝える前に、2つの情報を伝えていました。1つは、記録しておいた「感謝したこと」。時系列で整理し、具体的に感謝を伝えます。もう1つは、今後「成長して欲しいこと」です。強みをさらに伸ばす。もしくは、どうしても解決しないとまずい弱みの改善です。この2つを伝えた後に、査定結果を伝えるのです。

査定結果を伝える。特に悪い査定結果を伝えるのは、誰しも気が重いものです。しかも査定結果は過去の話です。変更のしようがありません。しかし、**「感謝したこと」と「成長して欲しいこと」をきちんと伝えることで、メンバーの査定結果がいかに悪い内容だったとしても、「自分のことを理解してくれている上司だから」とメンバーが思ってくれる可能性が高まる**のです。そして、今から始まるミッションに前向きに取り組もうとしてくれる可能性も高まります。

ポイントは、褒め（感謝）を継続的に記録しておくこと。査定のフィードバック会議直前だけにやると、付け焼刃感が出て、逆効果になります。

100回のうち99回は成果を出し、
1回失敗した場合の対応

○ 100回のうち99回の当たり前に
感謝し、褒める

✕ 100回のうち
1回の失敗を叱責する

☑ 中尾のまとめ

　日本社会では、仕事でもプライベートで
も、褒める、感謝する場面が極めて少ない
です。逆に言うと、これができるようにな
ると、他のリーダーと差別化できます。

　かく言う私も、かつてはまったく感謝で
きないダメリーダーでした。そんな私でも、
意識し続けると、感謝するのが楽しくなり
ましたよ。

メンバーに権限委譲
したいが、うまくいかなければ、
逆に仕事が増える。誰にどう
権限委譲すれば良いのか……

自分が忙しすぎることもあり、メンバーへ権限委譲をするように上司からアドバイスを受けた。このままではダメなのはわかっている。

この課題にはこの本！

Leadership and
the One Minute Manager
新 1分間
リーダーシップ
どんな部下にも通用する4つの方法

ケン・ブランチャード・パトリシア・ジガーミ・ドリア・ジガーミ [著]
渡辺美久子 [訳]

ダイヤモンド社

『新1分間リーダーシップ』
ケン・ブランチャード、パトリシア・ジガーミ、ドリア・ジガーミ／ダイヤモンド社

この本から学ぶポイント3つ

01 マネジメントスタイルには「指示型」「コーチ型」「支援型」「委任型」がある

02 人単位ではなく、ミッション単位でマネジメントスタイルを変化させよう

03 メンバーとマネジメントスタイルを確認しておくことがポイント

不幸なコミュニケーションミスの原因は？

　上司の立場から見ると、そのミッション（業務）を、その
メンバーに任せるのはまだまだ不安。だから指示命令しま
す。ところがメンバーは自分だけでできるという自負があ
り、信頼してくれない上司に不満を持ちます。

　逆に、上司が「十分できるだろう」とメンバーに権限委譲
します。そしてコミュニケーション頻度を減らすと、メンバ
ーは「上司は私に興味関心がないのだ」と不満を持ちます。

　**この不幸なコミュニケーションは、マネジメントを人単位
で実施しているから起こります。**人単位とは、「その人がベ
テランなので権限委譲」、あるいは「若手なので指示命令す
る」ということです。

　昔はこれで良かったのです。変化が少ない時代は、基本的
に同じ業務をやり続けていました。ベテラン社員は、当然、
その業務に習熟します。だから権限委譲すれば良かった。

　ところが今は、学生時代に起業したり、アプリをローンチ
したりした人も少なくありません。このような若手は、その
分野であれば、指示命令しなくても良いのです。

ミッション単位でマネジメントスタイルを変化させよう

　では、どうすれば良いのか。人単位ではなく、ミッション
単位でマネジメントスタイルを変化させれば良いのです。

　メンバーは複数のミッションを持っています。その**ミッシ**

ョンごとにマネジメントスタイルを変化させましょう。例えば、Aさんの1つ目のミッションは「委任型（権限委譲）」、2つ目のミッションは「コーチ型」、3つ目のミッションは「支援型」、そして4つ目のミッションは、Aさんも初体験なので「指示型」というようにです。それを期初に、ミッションごとに、上司と部下で確認すれば良いのです。たったこれだけのことで、前述の不幸なコミュニケーションを避けることができます。

上司も部下も権限委譲を勘違いしている

　私は、自律自転する人や組織を作ることを自分自身の使命として会社を設立しました。自律自転とは、自分で考え、自分で行動して、結果を出す状態です。心理学者のカール・ロジャースは、「自分で自分のやることを決める時に人は幸せを感じる」と言っています。自律自転する人・組織を増やすことは、幸福な人を増やすことに繋がります。

　この観点から考えると、上司から権限委譲されることは、とても好ましいと思います。権限を委譲され、自分で考え、自分で行動し、結果を出すことを求められるからです。

　ところが、この権限委譲、委譲する側である上司もされる側のメンバーも勘違いしていることが少なくありません。

　権限を委譲する側の上司は、「権限委譲とは相手に任せることなので、任せた以上、色々と聞いてはいけない」と勘違いしています。また、される側であるメンバーも「権限委譲

されたので、自分勝手にやって良い」と勘違いするのです。その結果、暴走するメンバーと状況を聞けない上司という関係になってしまいます。

そうではなくて、**権限委譲する側は、①ゲームのルールと②やってはいけないことを明確にし、③報告の頻度と内容を決める。そして委譲された側は、これに則って定期的に報告を行う**ようにしましょう。

コーチングと支援も重要

かつてのマネジメントスタイルは、できる人に任せる権限委譲（委任型）と、できない人への指示命令（指示型）の2つだけでした。ところが世の中が複雑になり、さらに2つのマネジメントスタイルが生まれました。1つが、一緒に答えを導こうというコーチ型。もう1つが、上司がメンバーを応援する支援型です。

リクルート時代に、まさにその支援型のマネジメントをしているリーダーを見たことがあります。Mさんは事業部長で最終責任者でした。しかし、その事業についての経験はありません。Mさんは、この事業が最大でどの程度の規模まで大きくなる可能性があるのか推定するプロジェクトを立ち上げました。Mさんがプロジェクトオーナーです。しかし、この事業の知見はありません。そこでMさんは、プロジェクトに1プロジェクトメンバーとして参加し、参加者を鼓舞し続けたのです。まさに支援型マネジメントスタイルでした。

うまくいくケース

・ミッション（業務）単位で
　マネジメントスタイルを変える
・そのマネジメントスタイルを
　メンバーと確認する

うまくいかないケース

・人単位でマネジメント
　スタイルを変える
・正しい権限委譲をしない

☑ 中 尾 の ま と め

　マネジメントスタイルを、人単位ではなく、ミッション（業務）単位で行う。そして4つのマネジメントスタイルを使い分ける。これが重要です。具体的な方法は中尾隆一郎「部下のマネジメントに悩んだら：ボタンの掛け違いはこの3ステップで解消できる」（Business Insider　Japan）https://www.businessinsider.jp/post-107493 参照。

2_4 多様なメンバーのマネジメント

> マネジメントしなくては
> ならないメンバーの
> 雇用形態がバラバラで
> 困っています。

フルタイムの社員、フルタイムの契約社員、パートタイム、アルバイト、派遣社員。加えて、最近では副業や業務委託のメンバーも。オンラインで仕事をするメンバーも増えてきた。入社以来一度も会っていないメンバーさえいる。

この課題にはこの本！

『**非営利組織の経営**』
P・F・ドラッカー／
ダイヤモンド社

この本から学ぶポイント**3**つ

01 非営利組織の
マネジメントは営利組織の
マネジメントより難しい

02 それは、ボランティア、
支援者、参加者など、
関係者の数が多いから

03 アメリカの成人の2人に
1人、9,000万人が
週に数時間
ボランティアをしている

非営利組織のマネジメントは難しい

　この本は、中尾塾（経営者塾）で月1回開催している「リーダーから学ぶ」で講師をしていただいたコープさっぽろ（https://www.sapporo.coop/）の大見英明理事長の推薦図書です。大見さんは、売上約3,000億円の事業体の経営をされており、次々にユニークな施策を実施されている経営者で、しかも読書家でもあります。

　この本を読む前、私は、売上や利益目標を追いかける営利組織の方が非営利組織よりもマネジメントが難しいという根拠なき先入観を持っていました。しかし、その先入観は、この本を読み進めるうちに簡単に打ち破られました。

　結論から言うと、非営利組織のマネジメントは、営利組織より難しいのです。非営利組織をマネジメントできれば営利組織もマネジメントできると言っても言いすぎではありません。

　どうしてなのか。それは関係者（ステークホルダー）の多さに起因します。営利組織の直接的な主な関係者は、従業員、株主、顧客、取引先です。これらは当然、非営利組織にもいます。これに加えて、非営利組織には多くのボランティアがいます。

　ボランティアは、給料が発生しているわけではありません。その組織のミッションや実現したいことに賛同して参加しています。つまり、**その組織のミッションや仕事に価値が**

なくなれば簡単に辞めてしまうのです。これは、給料が安くてもスタートアップ企業で働いてくれる創業期メンバーの状況に似ています。

　非営利組織は、支援者や参加者（出資者）の数も、営利組織の株主などと比較して圧倒的に多い。マネジメントする際に目配りしなければいけない相手が圧倒的に多いのです。

　これらが、非営利組織の方が営利組織のマネジメントよりも難しい理由です。

非営利組織のリーダーの役割

　非営利組織を運営するにも、営利組織同様、リーダーを見つける必要があります。組織にとって必要で重要なことを明確にした上で、それを実践できる人材を見つけます。

　私は、リーダー、いわゆる管理職を決める際に、「業績を挙げた」という結果と「管理職にすること」を分けて考えます。1-4でも触れましたが、**管理職にする人には品性が必要**です。基準はいつも同じで、「品は位で功は禄で」です。その意味は、「**人徳のある者にはより高い地位を与える。功績のある者にはより高い給与を与える**」ということです。その役職に任用（一般的には昇格、昇進）する判断軸と昇給や評価（給料を増やす）をする判断軸を分離しているのです。

　もちろん、成果を挙げた人に品性（人徳）があれば問題ないのですが、そうでない人も少なくありません。成果を挙げることはできるけれど品性が低い人をリーダーにすると何が

起きるのか。**メンバーが疲弊します。そして、その結果、組織が崩壊します**。非営利組織のリーダーには特にこの品性が必要です。

　では、品性はどう判断するのか？　それは、私心の少なさです。**自分が成果を挙げるために部下を駒のように使う人は品性がありません。「自分が考えた」「自分がやった」と主張する人も品性がありません**。「だから自分を課長にしろ」とか「部長にしろ」とか言う人には品性がないのです。**周りから「あの人をうちのリーダーにして欲しい」と言われる人が最高**ですね。このようなリーダーは、「私は」ではなく「私たちは」と言うことが多いのが特徴です。

リーダーを作るのは今までとは異なる「仕事」

「仕事の報酬は仕事」。リクルート時代によく言われていた言葉です。目の前の仕事をクリアすると、より難易度の高い仕事の機会を提供されます。そう考えると、人事異動は成長の機会でもあります。慣れ親しんだ人間関係や仕事から離れて別の環境で仕事に取り組む。最初は戸惑うことも少なくありません。しかし、変化が大きい現在では、変化に対応し続けるのも重要な能力の１つです。

　昨今では副業 OK の会社も増えています。**副業やボランティアに参加することで新しい能力開発にトライしてみてはいかがでしょうか**。

品性を高めることが必要

↑

多様なメンバーを
マネジメントする必要がある

☑ 中 尾 の ま と め

　非営利組織は関係者が多いので、営利組織よりも、よりビジョンとの合致などがないと、ボランティアは継続参加してくれません。

　ぜひ、ボランティアなどに参加し、そこでのリーダーシップを学ぶと良いでしょう。きっとその経験は、営利組織でのリーダーシップにも役立つはずです。

海外人材と一緒に働くことになりました。何を学んでおけば良いでしょうか？

次の人事異動で海外人材と一緒に働くことになった。ダイバーシティ（多様性）が高い方がイノベーションを生み出す可能性が高いという話を聞いたことがあるが、その人らしさを発揮してもらうには、どのようなことを意識すると良いのか。

この課題にはこの本！

『多文化世界〔原書第3版〕』
G・ホフステード、
G・J・ホフステード、M・ミンコフ／
有斐閣

この本から学ぶポイント **3**つ

01 日本の常識と
世界の常識の違い

02 日本は欧米と
アジアの間くらいの
特徴を持っている

03 日本は「男性らしさ」
「不確実性の回避」
「長期志向」の指標が高い

日本の特徴をざっくり把握しよう

　著者のホフステード親子による、この本に載っている指標は5つ。「権力格差」「個人主義」「男性らしさ」「不確実性の回避」「長期志向」です。**日本は「男性らしさ」が強く、「不確実性の回避」も強く、「長期志向」も強いのが特徴。そして、「権力格差」や「個人主義」では世界の中央程度です。**

この本が役立ったリクルート時代の経験

　私がリクルートに在籍していた当時、同社は世界の人材協会の理事会社の1社でした。私はリクルートの代表として理事会に参加していて、ある専門家をその理事会に連れていく必要が生じました。

　そこで、親しかった組織のNo.2である副理事長に、部外者である専門家の同行の承認を取りました。「理事長のOKを取らないで良いのか？」と確認したところ、「No.2である私が承認しているので不要だ」との回答。私は当然、それで問題ないと理解しました。

　ところが理事会当日、理事長が部外者の存在に異議を唱えたのです。それからが大変です。「個人主義」の指標が高い欧米では、自分の意見をはっきり言うことが求められています。しかも「権力格差」の指標が低く、理事会の役職など関係ありません。かなり揉めました。

　私は、万が一のために、事前にこの本で参加国と日本との

比較をし、欧米の委員がどのような発言をしそうかシミュレーションをしていました。そのおかげで、無事意見を収束でき、部外者のオブザーブが認められました。

すると、先ほどまで大揉めしていたのに、何事もなかったかのように、次の議題で談笑し出すのです。日本の会議だと感情的なしこりが残りそうなところです。**欧米各国の委員は、表面上はケンカのような議論をしていても、イメージで言うと、片手は必ずテーブルの下で繋いでいる**。これもこの本に書いてある通りでした。ほんと、この本が役立ちました。

ダイバーシティに加えてインクルージョンが重要

私がリクルートワークス研究所に在籍していたころに、イノベーションは何に相関しているのかを調査したレポートが出ました。それによると、「ダイバーシティ＆インクルージョン」と「専門性」という結果だったのを覚えています。

ダイバーシティ、つまり様々な人がいることが、イノベーションには重要です。しかし、これだけではダメなのです。**必要なのはインクルージョン、つまり、その人がその人らしくいられること**です。多様な人がその人らしく振る舞うことができると、イノベーションを生み出すために必要な専門性が加わります。

日本はおっさんが中心の男性社会です。そこに女性や若者、そして外国人といったメンバーが増えています。しかし、その女性、若者、外国人に、日本のおっさんのように振る舞

うことを求めます。夜遅くまで働くこと、お酒を飲んでコミュニケーションすることなどがわかりやすいでしょう。それが苦手な人、嫌いな人は認めないと言っては言いすぎでしょうか。つまり**日本企業では、表面的なダイバーシティは志向しているのですが、インクルージョンにまでは手が回っていない**のです。

同じタイプの人だと楽だが、乱時は多様な人が必要

　マッキンゼーの「Diversity Matters 2015」というレポートによると、**性別の多様性が高い企業4分の1と低い企業4分の1を比較すると、多様性が高い企業の業績が15％高く、同じく、国籍の多様性でも、多様性が高い企業は業績が35％高い**と報告されています。このようなデータが出ていると、欧米の投資家がこれらの多様性を確認して投資を行うのは言うまでもありません。

　イノベーションを起こす必要がない時、つまり平時は、多様性が低い方が、阿吽（あうん）の呼吸でコミュニケーションができるので楽ちんです。しかし、乱時、つまりイノベーションが必要な時は違います。多様な意見が必要になります。あるアメリカの投資会社は、トランプさんがアメリカ大統領に就任する直前に、社内の意見が異なる人たちを集め、世界の未来を議論し、自社の投資のポートフォリオを変更したそうです。結果、とても良い投資結果になったそうです。

良 い
ダイバーシティ

インクルージョン（その人がその人らしくいられる）があり、そこに専門性が加わって、イノベーションが生まれる

悪 い
ダイバーシティ

日本の中年男性のように振る舞うことを求め、その結果、何も生まれない

☑ 中 尾 の ま と め

　今後はますますイノベーションが必要になります。そのためにも、ダイバーシティが不可欠です。数値目標を設定してでも実現させるべきでしょう。

2_6 組織の不正隠蔽への対応

大企業での不正隠蔽が相次いで発覚しています。当社で不正隠蔽は起こらないでしょうか……

組織的に不正を隠蔽し、それが最終的に露呈して、企業価値を大きく毀損させるニュースを見ると、「絶対に露呈するのに、バカだな」と思う。しかし、自分の会社で起こる可能性はないだろうか。

この課題にはこの本！

組織は
合理的に
失敗する

日本陸軍に学ぶ不条理のメカニズム
Kenshu Kikuzawa
菊澤研宗

日経ビジネス人文庫

『組織は
合理的に失敗する』
菊澤研宗／
日経ビジネス人文庫

この本から学ぶポイント3つ

01 取引コスト理論：
判断をするとコストが
かかるのでできない

02 エージェンシー理論：
反対者は排除され、
イエスマンだけが残る

03 所有権理論：
不正を明らかにすると
対象者も指摘者も
損をする

可能性があれば突き進みたくなるのが人間

この本には多数の事例が載っています。例えば第２次世界大戦中のガダルカナル戦。近代兵器を装備した米軍に対して、日本軍は銃剣を持って肉弾突破する白兵突撃を１度ではなく、失敗した後も２度、３度と繰り返して、全滅しました。なぜこのような作戦を実行したのか？

従来の研究では、日本軍に内在する非合理性を指摘してきました。人間の非合理性が不条理な組織行動を導いたということです。しかも、これは戦場という異常な状態で起きた例外的事例で、日常では起きないとされていました。

しかし、従来の研究では解明できなかった理由があります。

ガダルカナル戦では、資源のない日本は軍備を整備できず、白兵戦で勝つための育成をし続けていました。それを否定するにはサンクコストが大きすぎます（今まで投資したことが無駄になる）。また、アメリカのような近代武器を購入するには投資コストがかかり、簡単に選択できません。さらに、戦略変更には、従来の白兵戦で昇進してきた人を納得させる必要があり、コミュニケーションコストが膨大にかかります。

もちろん、**白兵戦で負けることが 100% わかっていたら、別の選択肢を選ぶのですが、少しでも可能性があるとするならば、そこに一縷の望みをかける**のです。

まさに限定合理での判断です。これが「取引コスト理論」に基づく失敗の分析です。企業の不正の隠蔽もまったく同じ構造です。

真のリーダーは悪い兆しを集める

リーダーにとって最も重要な情報は「悪い情報」です。それは、悪い情報に対して手を打たないといけないからです。

そして、**「悪い情報」を1秒でも早く入手する**ことが、さらに重要です。つまり、「悪い兆し」です。兆しの段階で入手できれば、時間があるので、複数の選択肢があり、より良い選択をすることができます。例えば、優秀な従業員の退職情報。主要取引先が自社との取引をやめる情報。これらが、決定前の「悪い兆し」で把握できれば良いのです。

もちろん、退職も取引停止も、ないに越したことはありません。しかし、一定の確率で起きます。ですので私は、隔週で実施している経営会議の最後に役員間で「悪い兆し」を確認します。例えば、従業員の勤怠が乱れている。飲み会で愚痴を言っていた。すべて「悪い兆し」です。主要取引先の担当者にアポが取れない。同業者と情報交換をしている。これらも「悪い兆し」です。この状況であれば、まだ打つ手が検討できます。

従業員が退職の意思を表明した後に、それを翻意させるのは簡単ではありません。ほぼ無理です。しかし、まだ表明する前であれば、何とかなる可能性があるのです。

私たちは、この「悪い兆し」の入手にとても力を入れています。万が一、「悪い兆し」**として挙がってこずに、退職者が出た場合は、組織の動脈（リーダーから現場）もしくは静脈（現場からリーダー）のどこかに詰まりがある**ということです。それを必ず確認しに行きます。

正論を言う人を庇護するリーダーが必要

　この手の「悪い兆し」や問題点、ある意味「正論」を述べると組織から疎（うと）まれるケースがあります。しかし、私はリクルート時代、あるべき姿から絵を描く（正論）ことができました。それは私を庇（ひ）護（ご）してくれるボスが時代時代にいたからです。ボスが守ってくれた結果、私は「悪い兆し」を報告し続けることができました。

時代によって「不正」の定義も変わる

　不正の定義も時代によって変わります。かつては取引先がその先でどのような取引をしているのか確認する必要などない時代がありました。しかし現在では、取引先の取引先、つまりサプライチェーン全体に不正な取引がないことを求められています。

　自然環境や地球温暖化などもそうです。大量消費の時代は、日本の河（か）川（せん）にごみが溢（あふ）れかえっていた時代もありました。今ではリサイクル法が制定され、メーカーは回収するところまでの責任を求められています。

限定合理が不正を起こす

●取引コスト理論：判断をするには、サンクコスト、
投資コスト、調整コストがかかる
ので、やらない

●エージェンシー理論：現状を否定すると排除され、イエス
マンだけが残り、現状が維持される

●所有権理論：不正を明らかにすると対象者も指摘
者も損をする

☑ 中尾のまとめ

人は非合理的な判断をするのでは
なく、その人（たち）から見たら合
理的な判断をしているのです。

また、時代によって求められるも
のも変わります。

取引コスト理論、エージェンシー
理論、所有権理論を知っておく必要
があります。

組織が大きくなり、幹部に求められる能力が変化しました。でも、今の幹部に辞めてもらうのは……

組織が成長拡大し、創業時からの幹部の能力では対応できなくなったら、そのポジションで仕事を続けてもらうことはできない。でも、感情的に、辞めてもらうことができない。このままだと、能力が高く若い人材のやる気を削ぐことになる。

この課題にはこの本！

『1兆ドルコーチ』
エリック・シュミット、
ジョナサン・ローゼンバーグ、
アラン・イーグル／
ダイヤモンド社

この本から学ぶポイント3つ

01 適切ではない人に
そのポジションで仕事を
続けてもらうことはできない

02 しかし、
自尊心を保ってもらう
ことはできる

03 去る者に
敬意を払うことはできる。
メンバーはそれを見ている

組織の成長によって必要な人材は変わる

　私がリクルートにいた時の昔話にお付き合いください。

　不況になり、子会社の再編を行ったことがありました。私はその中のある子会社に出向になりました。その子会社は、数社の子会社が統合され1つになった会社でした。統合当初、必要以上に部長の数が多かったのを覚えています。正確には部長は1人なのですが、部長代理や副部長などの肩書の人が複数存在したのです。当時、私は1メンバーでしたので、詳細はわかりません。しかし、もともとの子会社時代に役員や部長の肩書だった人を課長にするわけにはいかないと考えた人がいたのでしょう。その結果、メンバーから見ると複数の上司がいるといういびつな組織になっていたのです。

　しかし、1年後、大半の部長代理や副部長が退職、あるいは降格しました。あるリーダーが、1年間かけて丁寧に、彼らの処遇をどうするかを決めたのです。とても難しい仕事です。しかし、どこからも不満の声は聞こえてきませんでした。鮮やかでした。そして、1メンバーであった私は、仕事がしやすくなったのを覚えています。

　私が事業部長だった時に、ある本部スタッフが自ら降格を申し出てきたことがありました。自分の能力不足が組織の成長の制約条件になっているというのがその理由でした。自分が成長するスピードよりも事業が成長する速度の方が速いの

で、降格して現場に戻り、再度成長したいということでした。

どうやって降格をするのか：ある会社の事例

　明確な降格基準を設けている会社もあります。

　中尾塾（経営者塾）に取締役候補を送り込んでくれている会社のうちの1社では、年に10回以上、業務改革会議があります。そこでは、各回、現場からの改革提案が20本程度共有されます。そして、その提案のうち大半は、実行承認がされます。その際に、マニュアルへの展開や具体的なルールの設定などが経営トップから要望されます。同社は、ルールを作り、業務マニュアルを活用している会社なのです。そして、半年後に実行されていなかったら降格になります。

　降格になるのは、提案者ではありません。提案者の上司にあたる部長や事業部長が降格になります。ここがポイントです。起案者が降格になるのであれば、誰も起案しなくなるからです。

　ポジションの高い人が実行しない場合に降格するというのは、極めてわかりやすいルールです。

　前述のように、この会社から次の取締役候補が中尾塾に参加しています。そこで、この降格制度をどのように感じているのか確認してみました。「降格するかも」と考え萎縮しているのかと思ったのですが、全然違いました。**有言実行しない、できないリーダーがいなくなるというのは、とても健全**

だと言うのです。もちろん仕事に対して真摯に取り組まない
といけないという緊張感は高いそうです。でも、それはどん
な仕事でも同じだと言うのです。

良いポジション、良い仕事を見つけるという方法も

降格の仕組みがある場合は、それに乗っければ良いです
が、大半の会社にはそのようなものがないでしょう。では、
どうすれば良いのか。

それが、この本に書いてあります。①適切ではない人にそ
のポジションで仕事を続けてもらうことはできない。②しか
し、彼／彼女に自尊心を保ってもらうことはできる。③去る
者に敬意を払うことはできる。メンバーはそれを見ている。

例えば、大規模な送別会を開催する。あるいは感謝状を作
成する。思い出のビデオを作成するというのはどうでしょ
う。すべて、その人への感謝を伝えることができます。

あるいは、転職先を見つける。他の会社が必要としていれ
ば、その会社でキャリアアップできます。大企業であれば異
動先を見つけるというのも類似の方法です。

降格は、事業や組織のフェーズで、その人のスキルが合致
しなくなっただけです。**その人がまた能力を発揮できるポジ
ションを見つけることができれば良い**のです。転職先や異動
先を見つけるためには、その人に興味関心を持ち、その人の
良いところを見つけなければいけません。そう意識すると、
その人たちとのコミュニケーションも変化します。

降格者・退職者に
・自尊心を保ってもらう
・敬意を払う
それをメンバーは見ている

↑

適切でない人にそのポジションで
仕事をし続けてもらうことはできない

☑ **中 尾 の ま と め**

　どんな時にも相手への尊敬が重
要です。特に厳しいことを伝えな
いといけない時はなおさらです。
そのような時に人間力の差が出ま
すね。

28 チャレンジをする風土づくり

メンバーに チャレンジをして欲しい のですが、なかなか動いて くれません……

指示したことはきちんと実施してくれる。し
かし、自分で考えること、何か新しいことに
チャレンジすることを要望しても、動かない。
このような組織風土では、将来が危惧される。

この課題にはこの本！

『セクシープロジェクトで
差をつけろ！』
トム・ピーターズ／
CCC メディアハウス

この本から学ぶポイント3つ

01 どんな仕事も
すごいプロジェクトに
変えられる

02 目覚ましい失敗には
褒美を出そう

03 平凡な成功は罰しよう

人は自分で自分のやることを決める時に幸せになる

2-3でも述べたように、私は自律自転する人・組織を増やしたいと思っています。自律自転とは、自分で考えて、自分で実行し、振り返りから学ぶ状況を指します。心理学者のロジャースは、「自分で自分のことを決める時に人は幸せになる」と言っています。つまり、自律自転する人・組織を増やすとは、幸せな人を増やすということなのです。

そして、自律自転とは、まさにチャレンジしている状態でもあります。この本に載っていることは、**同じ状態でも、考え方1つで前向きになれる**ということです。

チャレンジしないのは構造的な問題であることも

メンバーがチャレンジしないという話をリーダーから聞くことがありますが、実はメンバーだけの問題ではなく、**構造的にチャレンジを阻害する仕組みになっている**ことが少なくありません。

例えば、営業組織に高い目標設定をして欲しい、つまりチャレンジングな目標を追いかけて欲しい場合、目標額に対しての達成率で評価をするとどうでしょう。そうなると、どうしても目標額を下げたくなるというインセンティブが起きがちです。失敗すると評価が下がるとするならば、どうしても無難な目標を立てたくなるというインセンティブが働くのは理解できると思います。

目覚ましい失敗に褒美を出そう

この本には、（フィル・ダニエルズの言葉として）「すばらしい失敗、気高き失敗、誠実な失敗、カッコいい失敗にはご褒美を出し、平凡な成功は罰する」（p.229）とあります。

私は、期初の目標設定会議で、それに近いことをしていました。企画部門が各組織の目標売上計画原案を提示します。その際に、目標額を交渉しようとする組織長がいました。そうしたくなるのは理解できます。目標額を小さくできれば、前述のように、同じ売上でも達成率が高くなるからです。そこで私は次のようなルールを設定しました。「**目標売上額を減らした組織は、いかに達成率が高かったとしても、標準以上の評価はしない**」。このルールを設定して以降、目標設定会議で自組織の目標を下げる交渉をするリーダーは激減しましたね。

また、評価時も一工夫しました。組織長皆で、各組織の様々な数値や行動を比較し、その評価期間で一番の組織を決定したのです。そして、その組織には、特別インセンティブを提供するようにしました。

並行して、失敗から何を学んだのかを振り返る会を実施しました。偶然の成功はありますが、失敗は必然であることが多いので、失敗から学ぶことは大きい。その学びに対して、インセンティブを支給していました。

チャレンジの大半は失敗する

　当たり前ですが、チャレンジの大半は失敗します。それは、例えば新規事業が簡単に立ち上がらないことからもわかると思います。

　そして、0から1を生み出すのに必要な力、1になったものを10にする力、10を100や1,000にするのに必要な力は、すべて違います。ところが一般的に企業では、より大きな売上、利益を挙げている組織・人が評価されがちです。

　もちろん大きな売上を挙げている組織がチャレンジするケースもあります。短期間に、100を、105ではなく、110や120にするというようなことです。しかし、一般的な**チャレンジはより規模が小さい、0から1や、1から2〜3といったものである場合が大半**です。大きな売上や利益を挙げている組織や人の目から見ると、これらの変化は極めて小さい。そして、その小さい変化は簡単であるという短絡的（たんらくてき）な話になりがちです。**額が大きいことが評価のすべてであると考えるような人をチャレンジに対する評価をする場に入れると、チャレンジは促進されません。**

　私が新規事業にチャレンジするリーダーだった時は、「成功するまでやる」という強い意志を持った方が私の上司でした。評価をするのではなく、援助し続けてくれたのです。そのおかげで、私は新規事業が成功するまでチャレンジできました。今でも感謝しかありません。

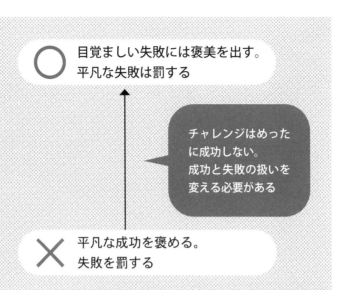

○ 目覚ましい失敗には褒美を出す。
平凡な失敗は罰する

チャレンジはめった
に成功しない。
成功と失敗の扱いを
変える必要がある

× 平凡な成功を褒める。
失敗を罰する

☑ 中 尾 の ま と め

どんな仕事でも、見方を変える
とセクシー（すごい）プロジェク
トに変えることができます。それ
が著者であるトム・ピーターズの
考えです。リーダーが見方を変え
て、それをメンバーに伝えること
ができれば、メンバーの行動も変
わります。チャレンジもそうなの
です。

新規事業を立ち上げようとしているのですが、既存事業のメンバーの協力が得られず、困っています。

もちろん既存事業のメンバーも忙しいことはわかる。しかし、既に強い顧客接点を持つ既存事業の営業担当が新規事業の営業に協力してくれると、新規事業の立ち上がりが早くなる。しかし、営業協力どころか顧客紹介もしてくれない状況で、途方に暮れている。

この課題にはこの本！

『**パラダイムの魔力 新装版**』
ジョエル・バーカー／
日経BP

この本から学ぶポイント**3**つ

01 パラダイムとは
ルールと規範

02 パラダイムシフトを
起こすのはアウトサイダー

03 人は自分のパラダイムを
変えることができる

既存事業が新規事業を支援しないパラダイム

売上が大きく、利益が大きい既存事業を担当していると、知らず知らずのうちに、「私たちが（売上を挙げない）管理部門や（売上が小さい）新規事業を食わせてやっている」という気持ちになりがちですね。一般的には、売上が大きい、利益が大きい人が評価されるので、それは仕方ありません。

しかし、少し俯瞰して考えてみましょう。ずっと既存事業が伸び続けることは稀です。常に新しい事業を作り出さなければいけません。そう考えると、現在の売上や利益の多寡だけで評価・判断してはいけないことがわかります。

でも、**「現在大きいものが偉いのだ」というパラダイムは、簡単に抜けない**のです。

しかも、新規事業が立ち上がってきて売上が大きくなると、既存事業の地位を脅かしかねません。そうなっては困るので、無意識に協力をしなくなるのです。

また、「大きいことは良いことだ」という考え方は、既存事業側だけにあるわけでもありません。新規事業側にもあったりします。立ち上げ当初の新規事業の売上は微々たるものです。既存事業の何分の1、あるいは何十分の1にすぎません。無意識に既存事業に対して引け目を感じてしまっていたりするものです。その結果、既存事業に正しく要望をできないケースもあります。

新規事業を支援しないのは「育児放棄」

では、新規事業に対して、既存事業からの強い協力を得るにはどうしたら良いのでしょうか。リクルート時代の事例を1つ紹介します。

ある新規事業を担当していた部長が、上司と、既存事業を担当している部長と、3人で対話をしました。その際、新規事業の部長が、こう言いました。

「わかっていますか？　新規事業は赤ちゃんなのです。大人が育てないと死んでしまうのです。皆さんが言う『支援』とか『応援』とかでは死ぬのです。皆さんは育児放棄（ネグレクト）しているのです。

赤ちゃんに『自分のことは自分でしろ』と言いますか？大人が全面的に支援しないと大きくなりません。その覚悟がありますか？　覚悟がないのに赤ちゃんを産んではいけないのです」

「新規事業への協力は赤ちゃんの育児と同じである」というパラダイムを提示したのです。

この事業部では、これまで、既存事業と新規事業でカニバリゼーション（食い合い）が起きるかもしれないと、新規事業への集客を積極的にやっていませんでした。優秀な人材も新規事業に配置していませんでした。これでは新規事業がうまくいくわけがありません。

しかし、この対話がきっかけになり、それ以降、新規事業

に全面的に集客するようになりました。加えて、人材交流も始まりました。「**新規事業に協力するのは赤ちゃんを育児するのと同じである**」というパラダイムシフトにより、**組織全体で協力する機運が高まった**のです。

この新規事業は、現在では、その事業全体の屋台骨（や たいぼね）の１つにまで成長しました。

海外進出も同じです。M&A後のPMI（立ち上げ活動）なんかもそうです。初めてのことって難しいのです。

こんな言葉を口にしたらポジションを降りよう

アウトサイダーがアイデアをもってきた時に、次のような言葉を口にしたら、ポジションを降りるべきです。
・そんなことは不可能だ
・ここではそんなやり方は通用しない
・そこまで変えるのはやりすぎだ
・同じようなことを前に試したけれど、うまくいかなかった
・そんなに簡単にできれば、誰も苦労しない
・そんなやり方は、わが社の方針に反する
・もう少し経験を積めば、あなたにもわかるようになる
・現実的になろう
・私たちが間違っていると、よく言えたね
・俺と同じくらい経験を積めば、そのアイデアが馬鹿らしいとわかるよ

新規事業は赤ちゃんと同じ。
協力しないのは育児放棄

新規事業を立ち上げるには

 既存事業が重要。
自分のことは自分でやる

☑ 中 尾 の ま と め

　パラダイムとは、見方や考え方のことです。常日頃、無意識に使っているので、意識しないとパラダイムをシフトできません。

　例えば、「その人から見たらどのように見えるのか？」を考える。その人の利用している「メガネ」（例えば新規事業のメガネ）をかけて同じ事象を見る訓練をすると良いですよ。

2_10 大きな環境変化への対応

売上が大幅に減少しています！

サブプライムローン危機、東日本大震災、そして COVID-19、加えてウクライナ戦争。想定外のことが次々と起きる。その影響で売上が大幅に減少することも。想定外の出来事が起きてもダメージを小さくするには、どのように経営をすれば良いのか。

この課題にはこの本！

『ブラック・スワン』
ナシーム・ニコラス・タレブ／
ダイヤモンド社

この本から学ぶポイント3つ

01 ブラック・スワン：
予測不可能で、
影響が大きく、
事後には説明可能

02 予測できない世界
（果ての国）の
範囲がとても広い

03 予測できる世界
（月並みの国）でも
異常値が多く発生する

世の中には予測できないことが多い

　かつては、白鳥と言えば白いものしかいないと、誰も疑わなかった時代がありました。ところが、その後、黒い白鳥が発見されました。この話は、**人間が経験や観察から学べることはとても限られている**こと、それに**人間の知識はとてももろい**ことを示しています。

　ところが、かつて想像しなかったことが起きると、私たち人間は、生まれ付いての性質で、**それが起こってから適当な説明をでっちあげて筋道をつけたり、予測が可能だったことにしてしまう**のです。例えば、「サブプライムローンは、家が値上がりする前提で、返済できないお金を貸していたので、破綻するのはわかっていた」「新型コロナは、先駆けてSARS や MARS などの感染拡大が起こっており、世界はフラット化が進んでいるのだから、世界により大きな影響を及ぼすのはわかっていた」。しかし実際は、これらのことを事前に予想できていた人はほんの一握りしかいませんでした。

　人は物事を線形で、つまり、今起きていることはそのまま起き続けると考えがちです。しかし、社会で起きることは非線形なのです。

予測できないことにも対策は立てられる

　1-4 でも述べたように、リスクマネジメントは予防策と発生時対策に二分されます。例えば火事というリスクを想定す

る場合、火が出る可能性がある場所の周囲に可燃性のものを置かないというのが予防策の一例です。火が出た場合に消火器で消すことが、わかりやすい発生時対策の一例です。火災保険に入るのも発生時対策です。

　ブラック・スワン級の大きなリスクに対しては、完全にリスクマネジメントをすることはできませんが、被害を小さくすることはできるはずです。

　例えば、ブラック・スワンが起きると、売上が大きく減少する可能性があります。それへの対応が必要です。大別すると2つあります。1つは、**売上減少の可能性を低下させるために取引顧客を分散させる**ことです。特定の顧客への売上依存が大きいと、その顧客の取引減少のインパクトが大きくなります。もう1つは、**固定費を削減する**ことです。売上が減少した際に固定費が大きいと、利益減少へのインパクトが大きくなります。結果、すぐに赤字になってしまいます。

3人寄れば文殊の知恵

　ブラック・スワンは予測できないとはいえ、兆候はあります。先日、Jリーグの方に伺ったのですが、Jリーグは国内で新型コロナ陽性者が1名出た時点で、各チームにコロナ担当者の配置を要請したそうです。そして、いち早く、開幕を遅らせることも決めました。そして数週間で、コロナ対策も決めて、どのようにすれば有観客で試合を開催できるのかをシミュレーションし、実に90％以上の試合を有観客で実施

しながらクラスターを発生させないということをしたのです。

　Jリーグ関係者だけではなく、様々な専門家が集まり、知恵を出したのは言うまでもありません。

　2-5 でも触れましたが、あるアメリカの投資会社では、トランプさんがアメリカ大統領に決まった際に、今後どのような世界になるのかを予想する必要がありました。その際に、社内で最も意見の違う人たちを集めて、今後の世界の予想をしたそうです。その世界シナリオに合わせてポートフォリオを大幅に入れ替えた結果、業績が大幅に良くなったそうです。

変えられるのは未来と自分

　ブラック・スワン級のリスクがやってくると身体がすくんでしまいます。ある意味、仕方ないですね。しかし、まだ未来は変えられるのです。それを変えるのは自分なのです。変えられないのは過去と他人。変えられるのは未来と自分です。

　新型コロナで海外旅行市場は９割以上減少しました。しかし、その中で黒字を出している旅行代理店もあります。私が主催している中尾塾（経営者塾）に参加しているベトナムの旅行代理店は、親会社からの送客が皆無になったにもかかわらず黒字を維持し続けています。固定費が小さかったこと、旅行以外の事業も実施していたこと、高付加価値な新規事業を準備していたことなど、リスクに備えていたことが功を奏しました。

・予兆を掴む
・売上を分散
・固定費を削減

ブラック・スワン
(予測不可能で、影響が大きく、
事後には説明可能)への対応

☑ 中 尾 の ま と め

　ブラック・スワンはいつ来るか
わかりません。平時から、常に悪
い兆しにアンテナを立てておき、
対策を準備しましょう。

私の組織は
存在価値が高いのに、
過小評価されています……

自組織は成果を十分に挙げている。他組織が
困った際にも支援し、役に立っている。なのに、
どうも周囲からはそれが認められず、過小評
価されるきらいがある。何らかの手を打たな
いと、メンバーも適切な評価をされなくなる。

この課題にはこの本！

『アメリカ海兵隊』
野中郁次郎／
中公新書

この本から学ぶポイント3つ

01 未来に備え、準備し、
必要な時に実践し、
成果を挙げることが重要

02 過去の栄光に
こだわらずに、
自ら変わり続ける必要性

03 いざとなったら
「白兵戦」で勝てることも
重要

海兵隊の何が凄いのか

　海兵隊は、設立当初は、占領した場所を守る機能を持つ、言わば後方部隊にすぎませんでした。戦争時には重宝されるのですが、平時には、「そんな機能は不要だ」と、人員や予算を削減されていました。もともと陸海空軍が軍の中心だという意識もあり、何かあると、この３軍の配下組織にされます。**海兵隊には、「何かあると縮小される」という危機意識が常にありました。**

　しかし、海兵隊の何人かのリーダーが、今後の戦争では、海から攻めて、そこを占領するということが重要だということに気付きます。そこで、彼らは、海兵隊の機能を水陸攻撃のスペシャリストと位置付けます。その考察が正しかったことは、後の歴史が証明しています。

リクルートテクノロジーズの存在意義を王道で示した

　私がリクルートテクノロジーズの社長だった時代、リクルートグループは大きな変化を志向していました。IT人材をたくさん採用し、「テクノロジーで勝つ」ことを標榜したのです。リクルートグループを７つの事業会社と３つの機能会社、１つの本社に再編したタイミングで、７つの事業会社それぞれがテクノロジーで勝つというものでした。

　私が担当したリクルートテクノロジーズは機能会社で、グループ横断の部門であり、「テクノロジーで勝つ」の一部を

担う組織にすぎませんでした。本社は、7つの事業会社、リクルートテクノロジーズ、直前にM&AをしたインディードのどれかがIT人材を採用して、リクルートグループの「ITで勝つ」を実現してくれれば良いと考えていたからです。

　では、我々の存在意義を示すにはどうしたら良いのか。それは、圧倒的に優秀な人材を大量に採用できることを示すこと。これが王道です。ですので、詳細はここでは触れませんが、皆で知恵を絞り、400名のIT人材の採用成功を実現し、150名だった従業員数を3年で550名にしました。これにより、同社の存在意義は大きく高まりました。

「イノベーションのジレンマの解」と意味付ける

　私がリクルート住まいカンパニーで新規事業を担当した当初も、存在意義に疑問符がついていました。

　一般的に新規事業は、既存事業と比較すると売上が小さいことなどから重要視されない傾向があります。加えて、既存事業は広告型モデル（先払いモデル）で、私が担当した新規事業は成功報酬モデル（後払いモデル）でした。両者のビジネスモデルがカニバリゼーションをする。しかも、先払いモデルの視点から見ると、後払いモデルの方が有利に感じられます。「顧客に後払いモデルの新規事業を紹介すると、既存事業の取引が減るのではないか」と想像するのです。

　これは、まさにクリステンセンが言う「イノベーションのジレンマ」にはまった状態です。このままでは、同業他社に

マーケットを取られ、自社の既存事業が破壊されてしまいます。ならば、同業他社よりも先に自社がやるべき。つまり、私たちの新規事業は「イノベーションのジレンマ」から抜け出す解答だと意味付けました。これを組織内外に発表すると、既存事業との関係性が良くなりました。

「未来を予見する営業」が存在価値に

　顧客との関係でも同じです。新卒採用の求人広告の営業をしていた時、売れる営業には共通点がありました。「未来を予見する営業」をしていたのです。それが存在価値になっていました。

　このまま採用活動を継続すれば、どのような結果になるか（例えば、内定辞退が出て目標に○名不足する）を予測して伝えるのです。そして、その時のための方策を伝えておきます。予想が次々に当たると、顧客から次々に「発注したい」という連絡をもらえるのです。

いざとなったら自分が動けるようにしよう

　いざとなったら自分が動ける。例えば、営業ができる、プログラミングができるということも、とても重要です。海兵隊は、全員がライフルマンであるという認識があるそうです。白兵戦でも勝てるようにです。会社や組織でも同じです。

- 未来に備え、準備する
- 必要な時に実践する
- 過去にこだわらずに変化する

当初、取るに足りなかった海兵隊が
アメリカのエリート集団になったのは

☑ 中 尾 の ま と め

　自分や組織の存在意義を意味付けることはとても重要。しかし、それに固執せずに、変化し続けることも重要です。

第 3 章

チームづくりの
課題を解決する10冊

新しい組織に赴任したのですが、メンバーが疲弊しています……

業績が悪い組織を引き継ぐことに。前任者も色々試みたようだが成果が出なかった。赴任後にメンバーと話をすると、売れない言い訳を丁寧に説明する人が多い。誰も顧客の方を見ておらず、内向きの会話ばかりしている。

この課題にはこの本！

『なぜ弱さを見せあえる
組織が強いのか』
ロバート・キーガン、
リサ・ラスコウ・レイヒー／
英治出版

この本から学ぶポイント **3**つ

01 心理的安全性の高い
組織の作り方

02 それは単に
「人に優しい組織」ではない

03 それは、弱点の克服を
目指し、忌憚のない
フィードバックをし合う
組織である

「心理的安全性が高い組織」についての誤解

「心理的安全性」という言葉を聞いたことがある人は多いと思います。この心理的安全性の高さが必要なのは、高い業績を求める組織だけです。

　一般的な組織では、心理的安全性が低いので、本来の仕事とは別の「もう1つの仕事」に精を出しています。「まわりの人から見える自分の印象を操作し、なるべく優秀に見せようとする。駆け引きをし、欠点を隠し、不安を隠し、限界を隠す。自分を隠すことにいそしんでいるの」(p.15) です。無意識に、この「強がり」をするために時間を使っています。

　高い業績を挙げたいのであれば、こんな内向きの無駄な仕事に時間を使う余裕はありません。しかし、**「弱さを見せると一方的に付け込まれるのではないか」というような環境では、この「もう1つの仕事」に取り組まざるをえません。**

　だから、高い業績を求める組織には、心理的安全性の高さが必要なのです。

赤字を伝えることでメンバーのマインドが変わった

　私がリクルート住まいカンパニーで新規事業を担当した際、その新規事業は大赤字でした。「それをメンバーは知っていたのか？」「そもそも大赤字であることを伝えるべきなのか？」と中尾塾 (経営者塾) で聞かれたことがあります。

　赤字であることをわかっていたのは計60人のメンバーの

うち5〜6人でした。業績を伝えていませんでしたし、大半のメンバーは、伝えてもらえるとも思っていませんでした。そもそも興味もありませんでした。

　私は自律自転する人・組織を作ることを志向しているので、事実を伝えました。「新規事業だから赤字はありえる。しかし、ずっと赤字だと存続できない」と。

　大赤字だというショッキングなデータを共有すると、悪い情報を伝えても良いのだと現場が理解してくれました。そして、業績向上のための打ち手のアイデアを次々に出してくれるようになりました。

未来の組織図を作ろう

　この本には、「人が能力の限界（エッジ）に挑むためには、そのための活動を具体化する慣行（グルーヴ）を確立しなくてはならない。そして慣行を維持するためには、人々が弱さをさらけ出せるように支援体制（ホーム）をはぐくむ必要がある。だから、ホームをつくり出して、学習と成長を後押しする環境を整えることから出発すべきだ」（p.321）とあります。

　私は、この本を参考にしたわけではありませんが、結果としてこれを志向していました。そのための重要な施策の1つが「未来の組織図」を作ることです。売上計画などから、どのような組織構造（階層）、組織パッケージ（ミニマム単位）が必要かを考え、**未来の管理職や重要ポジションの数を「見**

える化」するのです。そうすると、何名を、いつまでに、どのようなポジションに採用あるいは育成する必要があるのかがわかります。必要な職種に合わせて社内の育成カリキュラムを作成し直すこともできます。

急がば回れ。でもDay100は意識しよう

心理的安全性は、見方を変えると、MITのダニエル・キム教授が提唱する「成功循環モデル」だとも言えます。

キム教授は、成果を挙げるには、「関係の質→思考の質→行動の質→結果の質」の順番に上げることが必要だと言います。つまり、チームの関係が良くなると、率直なコミュニケーションができるようになり思考の質が高まる。思考の質が高まると、それに合わせて行動の質が高まる。そして、行動の質が高まるので結果の質が高まるのです。

うまくいかない組織は、最初に結果の質を求めます。すると責任転嫁や押し付けが起き、関係の質が低下します。すると、当然、思考の質が低下し、行動の質も低下して、さらに結果が悪くなります。

こうならないためにも、**まずは関係の質を高めることが、遠回りに見えても実は近道**です。

ただし、リーダーはDay100（赴任してから100日後までに何らかの成果を出すこと）を意識する必要があります。これも重要です。

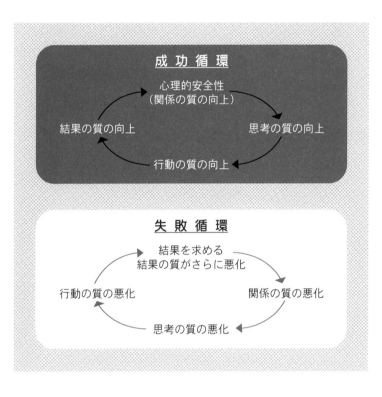

成功循環

心理的安全性
（関係の質の向上）

結果の質の向上 ← → 思考の質の向上

行動の質の向上

失敗循環

結果を求める
結果の質がさらに悪化

行動の質の悪化 ← → 関係の質の悪化

思考の質の悪化

☑ 中 尾 の ま と め

　業績を挙げ続ける組織を作るには、「心理的
安全性を高める」ことから始めることがポイン
トです。しかし、これは必要条件です。メンバー
1人1人が相互に率直にフィードバックする
ことで思考や行動が変わる。これらが十分条件
です。そして最終的に結果が出ます。

3_2 良い組織文化を作りたい

異動してきた
メンバーの口が悪く、組織が
ギスギスしてきました……

業績は悪くないのだが、周囲のメンバーに暴言
を吐いたり、嫌みな発言をしたりする。さらに、
1人だけ発言が長い。現状では、あるメンバーが、
彼の行動に対しても笑顔を振りまいてくれて、
緊張した空気を和ませてくれているが……。

この課題にはこの本！

『THE CULTURE CODE』

ダニエル・コイル／
かんき出版

flierに要約があります
（右の2次元バーコードを読み込んでください）

この本から学ぶポイント3つ

01 安全な環境を作ろう

02 弱さを共有しよう

03 共通の目標を持とう

フランダースのクリスマス休戦

　この本には良い組織を作るための参考になる事例がたくさん載っています。その中から、驚くべき事例を1つ紹介しましょう。

　第1次世界大戦中、ドイツとイギリスはフランダースで最悪の戦争をしていました。ところが、白兵戦を展開している最中のクリスマス、休戦をして、両軍の兵士が肩を抱きながら、一緒に夕飯を食べ、歌って過ごしたのです。

　実は、白兵戦をするぐらい近い距離に両軍の陣地があったのが1つの要因だったようです。相手がどのような生活をしているのか、同じ人間だとわかる距離にいたために、一時的とはいえ、安心安全な場所を作れたのです。

良い組織の5つのチェックポイントを満たした中尾塾

　私は中尾塾（経営者塾）を主催しています。その中でG-POP® 版 GC（グループコーチング）をしています。詳細はこちらの URL を参照ください。

　https://nminstitute.jp/groupcoaching

　この1時間の GC の中には、この本で紹介されている良い組織づくりの5つのチェックポイントがすべて含まれています。

「ペントランドの研究によって、チームのパフォーマンスは、5つの計測可能な要素の影響を受けることがわかった。

1 チームの全員が話し、話す量もほぼ同じで、それぞれの
  1回の発言は短い

2 メンバー間のアイコンタクトが盛んで、会話や伝え方に
  エネルギーが感じられる

3 リーダーだけに話すのではなく、メンバー同士で直接コ
  ミュニケーションを取る

4 メンバー間で個人的な雑談がある

5 メンバーが定期的にチームを離れ、外の環境に触れ、戻
  ってきたときに新しい情報を他のメンバーと共有する」
  （p.52）

　そのため、参加している経営者は、自組織でも G-POP® 版
GC を展開しています。

フィードバックは Good & Better で

　私は、講演や勉強会を実施した後に、関係者から必ずフィ
ードバックをもらいます。皆さんも仕事でフィードバックを
する、あるいは、逆にもらっていると思います。ただ、問題
点を中心にしたフィードバックが多いように思います。

　私はフィードバックの観点を Good & Better に揃えていま
す。Good は文字通り「良かったこと」です。**最初に良かっ
たことをフィードバック**。そして、続いて Better。「より良
くするため」のフィードバックをするのです。これは問題点
を挙げるのではありません。「**より良くするためにこうした**

ら良いのではないか」というポイントを挙げるのです。こうするととても前向きなフィードバックになります。

誰を大事にするのか

　私がいたリクルートには「トライアングル・ハッピー」という言葉がありました。三角形の頂点に個人顧客と法人顧客とリクルートの3者があり、その3者すべてがハッピーになる選択をしようということです。私はそれを拡張して、5S、つまり個人顧客、法人顧客、従業員、株主、社会の5者のSatisfaction（満足）を標榜して経営をしていました。中でも最も大事なのは目の前にいる従業員だと決めていました。

　この本にも、あるレストランが関係者の優先順位を次のように決めてからとてもうまくいくようになったという事例が載っています。それは、「1　同僚／2　客／3　コミュニティ／4　取引先／5　投資家」（p.342〜343）。私の概念と類似していますね。

　私が5Sの大切さに気づいたのは、100社の経営者に、5者のうちどれが大事か聞いたことがあるからです。数人はすべて大事だと言い、90数人の社長はどれか1つを選びました。そして数年後、すべてが大事だと言った社長の会社だけが大きく伸びていたのです。

　もちろん、時代時代で優先順位は異なります。**大事なのは誰も不満にさせないこと**。最近私はさらに関係者を広げて、SAS（Satisfaction from All Stakeholders）を標榜しています。

チームのパフォーマンスに
影響を与える要素

（『THE CULTURE CODE』〈p.52〉に紹介されている
アレックス・ペントランド〈MITヒューマン・ダイナミクス研究所〉の研究）

❶チームの全員が話し、話す量もほぼ同じで、それぞれ
　の1回の発言は短い

❷メンバー間のアイコンタクトが盛んで、会話や伝え方
　にエネルギーが感じられる

❸リーダーだけに話すのではなく、メンバー同士で直接
　コミュニケーションを取る

❹メンバー間で個人的な雑談がある

❺メンバーが定期的にチームを離れ、外の環境に触れ、戻っ
　てきたときに新しい情報を他のメンバーと共有する

☑ 中 尾 の ま と め

　この本には、3-1で取り上げた『なぜ弱
さを見せあえる組織が強いのか』と通じる
ところがあります。こちらはより広範囲に
たくさんの事例が載っています。皆さんの
目的と組織の状況が合っていれば、活用で
きるTipsだと思います。

> 離職率が実に３割。
> IT業界は離職率が
> 高いとはいえ、高すぎる……

業績は悪くないのだけれど、離職率が高止まりしている。
実に 28％。離職理由は、給料に関する不満や不公平感、
労働時間や労働場所、育児や介護、副業ができないこと、
配偶者の転勤、人間関係のトラブルなど多岐にわたる。

この課題にはこの本！

人の行動はすべて「理想」によって引き出されている。現実に満足できず、理想を実現したいという欲求があるから人は課題に取り組む。人間誰しもこの法則で動いている。この法則を元にすれば、現在サイボウズで発生している問題を論理的に説明できるとわかった。

サイボウズはどのようにして「100人100通り」の働き方ができる会社になったか

青野慶久

『**チームのことだけ、
考えた。**』
青野慶久／ダイヤモンド社

この本から学ぶポイント **3**つ

01 100人100通りの
人事制度の作り方

02 多様性の
マネジメントの仕方

03 生産性の高い仕事を
進めるための
ポイントや Tips

悪い兆しを把握しよう

2-6でも述べましたが、辞めると言ってきた人を翻意させるのはかなり困難です。ではどうすれば良いのか。その前の**「辞めるかもしれない」という「兆し」を把握すれば良い**のです。兆しの段階であれば、まだ時間があります。様々な対策を講じることができます。

では、どうやって兆しを把握するのか。リクルートテクノロジーズの社長だった時は、幹部会議で、毎週、悪い兆し（人が辞めそうな兆し）を共有しました。そして辞めそうな兆しが把握できたら、対象者について①現実を把握→本当に辞める兆しであれば②そもそもその人を慰留するのかしないのかを検討。③慰留する場合は、誰が、いつ、どのようなシナリオで慰留するのか検討。④シナリオを実行し、⑤状況をモニタリングして必要に応じて次の策を検討・実行し続けるのです。

加えて、慰留するシナリオを作る際に、様々な例外対応も実施しました。期中のミッション変更や異動などはその最たるものでした。

これだけでも成果は出るのですが、加えて、悪い兆しが上がってこない組織への対応も実施しました。これは組織のパイプがどこかで詰まっているのです。悪い兆しを伝えて欲しいという情報を現場に伝える「動脈」が詰まっているのか、

悪い兆しを幹部に戻す「静脈」に詰まりがあるのかを把握します。

　加えて、人事部に過剰労働の兆しや勤怠の乱れなどの情報を把握してもらい、データからも退職の兆しを把握し続けました。加えて、早期オンボーディングやキャリアサポートなどといった当たり前のことにも注力しました。

　これらのおかげで、私たちの組織は、一般的に離職率が高いエンジニアが大半の組織であり、しかも大量採用すると離職率が高くなる傾向があるのに、離職率1桁台前半という驚異的な低離職率を維持しました。

従業員が働きやすい環境を作り続けよう

　同じく私が担当した組織は、**エンジニアが働きやすいように、組織構造も変化させました**。例えば、従来は事業部別組織でしたが、職種別の組織に変更しました。そして、それぞれの組織のトップを、ITエグゼクティブという名称で、執行役員に任用しました。ITエグゼクティブには、配下の同職種のエンジニアのキャリアを考えるのと同時に、どのプロジェクトに配置するかの権限を持ってもらいました。

　一方で業務は、プロジェクト別に、プロジェクトマネジャーが責任を持って執行する体制にしました。

　つまり、1人のエンジニア対して、業務はプロジェクトマネジャーが、キャリアについてはITエグゼクティブが責任

を持つというわけです。そして、ITエグゼクティブにより
強い権限を提供しました。

　階層についても工夫をしました。エンジニアは稟議や根回
しが得意ではありません。そこで、階層を減らして、執行役
員の権限の一部もマネジャーに委譲したのです。
　これにより、メンバーが大半の業務を身近なマネジャーに
相談し、決裁を得られる体制になりました。現場のエンジニ
アが日々の仕事をしやすい組織と階層に変えることができた
のです。
　その結果、退職率は低位安定でした。

サイボウズ社の100人100通りの人事制度の例（当時）

　ウルトラワーク（働く時間と場所を3×3のマトリックスか
ら選び、随時変更可能）。最長6年の育児・介護休業制度。育
児・介護短時間勤務。定年制の廃止。副業原則自由（週4日
はサイボウズで）。育自分休暇制度（退職者の復帰制度）。部活
動支援（中身は問わず、組織横断での活動を支援）。誕生会支
援（同）。社員の引っ越しで拠点開設（九州、大阪）。給与は
市場連動！
成果：離職率28％（2005年）→4％（2013年）。女性社員
が約4割（IT業界では珍しい！）。優秀な人材が採用できるよ
うになった。

従業員 > 会社

従業員の希望・要望・働き続けやすさに
会社が合わせる
↓
退職する人は少ない

会社 > 従業員

会社の仕組み・ルール・制度に
従業員が合わせる
↓
合わない人は退職する

☑ 中 尾 の ま と め

　サイボウズ社のように100人
100通りの人事制度を構築するの
は1つの解だと思います。また、
私が実施したように、組織や階層を
再整備することも有効です。

　そして、「悪い兆しを検知する仕
組み」は、今すぐにでも作れます。

3_4 大量離職への対策

不人気業界で、毎月大量の人を採用するのですが、同じ数だけ離職してしまいます……

　　　毎月大量の離職が起きると、離職者からの引き継ぎもままならない。すぐに離職するかもしれないので、入社した社員の育成もおざなりになっている。両者が相まって、顧客からのクレームも増加。他人のクレームの尻拭いをすることに嫌気が差し、また辞めるという悪循環も起きている。

この課題にはこの本！

The Dream Manager
ザ・ドリーム・マネジャー

マシュー・ケリー　パトリック・レンシオーニ
Matthew Kelly　　Patrick Lencioni
橋本夕子 訳

世界15ヵ国語で刊行
ウォールストリート・ジャーナル、ニューヨークタイムズベストセラー!!

働くみんなが「やりがい」と「愛着」を感じる会社を作るシンプルで楽しいアイデア。

高い離職率、モチベーションの低下
業績不振、費用の無駄遣い……
あらゆる問題を解決するカギは従業員たちの「夢」にあった!

『ザ・ドリーム・マネジャー』
マシュー・ケリー／海と月社

この本から学ぶポイント 3つ

01 リーダーはメンバーの夢を把握しよう

02 リーダーはメンバーの夢の実現を支援しよう

03 そのようなリーダーがいる会社を、メンバーは辞めるわけがない

退職率400％（40％ではない！）の清掃会社

この本で描かれているのは、離職率400％の「アドミラル清掃サービス」のストーリーです。つまり、入社した人が平均3か月で辞めているのです。当然ですが、従業員のモチベーションは低位安定。そのような状態から、働く皆が「やりがい」と「愛着」を感じる会社を作るためにどうしたら良いのかを考える話です。

その答えが「ドリーム・マネジャー」。**従業員の夢（ドリーム）を聞き、実現するサポートを行う、ドリーム・マネジャーを設置する**ことです。これだけのことで、奇跡が起き始めます。

そもそも、会社が自分の夢に興味を持ってくれることだけでも、関係性が変わります。

ドリーム・マネジャーは、従業員の夢の実現を、（お金を貯める）計画、（私にはできないと思っている人の自己肯定感を高める）モチベーションマネジメントなどで支援します。

この本を読んだ、中尾塾に参加しているある経営者は、さっそくこれを参考に実行しました。もともと離職率が400％などという酷い状態ではないこともあり、すぐに離職率が改善しました。

悪い兆しを把握するのは有効。でも、その前に

2-6や3-3で紹介した、「悪い兆し」を把握すること、そして

社内の動脈と静脈の詰まりを解消することは、もちろん有効です。

　ただし、離職率400％などという状況だとすると、従業員が何に困っているのかを丁寧に把握することが必要です。

　この本だと、従業員の遅刻が多かったのですが、それには理由がありました。早朝勤務などでは、バスが動いていません。治安の悪い地下鉄に乗らないといけないのです。それが理由で遅刻することがわかりました。

　会社は、遅刻による企業からのクレームや取引停止を減らすことができれば、循環バスを準備しても収支が合うことを確認し、実行します。会社が循環バスを準備しようとしたことを知り、従業員の会社への対応が変わり始めます。

　従業員が何に困っているのかを把握することから始めてみましょう。

従業員満足度調査などのサーベイも有効

　定期的に従業員満足度調査などで組織の状況を把握することも有効です。そのデータを組織間や世の中の平均などと比較すると、問題点が浮き彫りになってきます。離職率や業績のデータ、あるいは顧客満足度のデータやクレームのデータと各組織のデータを紐付けると、さらに立体的に問題点が把握できます。その問題点と1つ1つ真摯に向き合い、解決していくことも重要です。

G-POP® 版 GC のフォーマットを参考に

これまでも述べているように、私が主催している中尾塾（経営者塾）では、G-POP® 版 GC（グループコーチング）を参加者と毎週しています。その GC でフォーマットの最上部に記載するのが Goal です。Goal は 4 種類記載します。

まず、「①人生かけて」実現したい Goal。少し大袈裟に思うかもしれませんが、経営者相手に実施しているので、自分が経営している会社についての話が多いです。ただ「世界一周したい」「孫に『これはおじいちゃんがやった仕事だ』と自慢したい」など、プライベートのことを書いている人も少なくありません。自分の夢、Goal は何でも良いのです。「②今年」「③今月」となるとより具体性が必要です。

そして、「①人生かけて」を分解したものが「②今年」「③今月」になっているかを確認します。

「④その他」には、健康やプライベートのことを書いている人が多いですね。家族との関係、ダイエットなど様々です。

GC のファシリテーターの役割は、ある意味、ドリーム・マネジャーと似ています。**毎週の活動のうち、少しでも多くGoal（夢）に関係することをするようにアドバイスする**のです。

ドリーム・マネジャーも、「家を持つ」という夢を持っている人には、毎週の節約と投資の仕方をアドバイスしています。有利なローンと割安な家を探すのも手伝い、その人は家を持つことができたのです。

　会社が従業員のプライベートに関与するかどうかは議論があると思います。しかし、メンバーの夢を知り、その実現に会社が寄与してくれるならば、きっとその人はその職場のことが大好きになると思うのです。

会社のフェーズが変わったのですが、社員が変わってくれません……

がむしゃらに事業を立ち上げてきたフェーズから、拡大させるフェーズに変わってきた。それに伴い、新しい人材も増えた。人数が増えると、仕組みやルールを作ることが求められる。ところが、それを窮屈に思い、「昔は良かった」と言って変化を受け入れようとしない人がいる。

この課題にはこの本！

From the Co-Creator of
NETFLIX Culture Deck
POWERFUL Building a Culture of Freedom and Responsibility
Patty McCord

NETFLIX の 最強 人事戦略
自由と責任の文化を築く
パティ・マッコード
櫻井祐子 訳

光文社

『NETFLIXの最強人事戦略』
パティ・マッコード／光文社

この本から学ぶポイント3つ

01 ハイパフォーマーが
働きやすい
人事制度を作ろう

02 究極的にはすべてのポストに
優秀な人材を採用し、
相応しい報酬を払おう

03 究極的には、これからの
業務に適さない人には
辞めてもらおう

「こんな会社、あるんだ」って思いました

この本を読んで、私がメモしたポイントです。驚いた順に並べました。

- （現在ではなく）将来の業務に適さない人には辞めてもらう
- 有給休暇は廃止（従業員の裁量で休む）
- 経費規定も旅費規定も廃止（従業員の裁量で費消）
- 2〜3倍ではなく10倍をイメージして必要な組織を作る
- 人事考課制度は時間と労力の無駄
- すべてのポストに優秀な人材を配置する
- 業界最高水準の給料を払う
- 年次計画をやめて四半期計画を立て、予測も最大3四半期
- 問題が起きたら、当事者同士で直接話をする
- 頻繁なフィードバックを実施する（行動に焦点を当てる）
- スタート・ストップ・コンティニューを相互要望する
- 「私がわかるように説明して欲しい」というコミュニケーションを行う
- 「私心のない人」という評判を得よう
- 6か月後に達成している映像を作成する
- すべてのデータを開示する
- 透明性が最も重要

LA（Learning Ability：学び続ける能力）はあるか

特に、将来の業務に適さない人は辞めてもらう。インパク

トがありますよね。現在十分活躍している人であっても、将来から逆算して人材を見直そうということです。

　私は 3-1 で紹介した「未来の組織図」を作ることをお勧めしています。これは将来から逆算して必要な人材を今から準備しておこうという話です。

　その逆で、将来不要になる人をきちんと把握して辞めてもらおうということです。**状況が変化すると必要な人材が変わります**。人材も状況の変化に合わせて、それに適応できれば問題ありません。私はその能力を LA（Learning Ability：学び続ける能力）と呼んでいます。LA が高い人は変化に対応できるのですが、LA が低い人は変化を恐れて新しいことにチャレンジしません。

　個人差は大きいですが、年齢を重ねるに従って、新しいことにチャレンジする気力、体力が衰えていきます。必ずしも、だから、というわけではありませんが、私がいたリクルートでは、経営トップが 50 代で辞めます。40 代で経営トップになり、50 代で辞め、そしてその後、次の世代に口出ししないのです。上場会社のトップ就任の平均年齢が、アメリカでは 50 歳、日本では 60 歳です。就任年齢でこれですから、リクルートの若さはかなり特筆すべき数字です。早くトップになる企業は他にもありますが、辞めるのも早いのです。

　トップがこの年齢で辞めるので、当然、その周囲の役員クラスも、その 1 ～ 2 年前に辞めます。そこに 1 世代若い役員が就任するということです。**健全な新陳代謝のためには、**

トップが早く就任し、早く辞めるというのは有効なように思います。

確かに人事評価には無駄な側面も

　私は、人事評価は丁寧にするべきだと思っていました。その観点から考えると目から鱗なのが、人事評価は無駄だという話です。正確には、**期初期末に長時間をかけて行う人事評価は、時間に対して効果が低い**という話です。

　実際、ある企業を見ても、期末になると自分の評価と次の人事に意識が移り、現在の業務に集中していないケースが散見されます。この会社では、事業のトップが変わると方針が変わるので、次の人事で誰がトップになるのかに意識が行くのは仕方がありません。ですので、期末から期初の2か月くらいは生産性が一気に低下するのです。もし、この2か月の無駄をなくすことができれば、確かに、生産性は1.2倍に上がります。

宿泊費の上限がハイパフォーマーのやる気を削ぐ

　カンファレンスなどで出張する際はホテルを予約します。イベントがあると周囲のホテルの値段は一気に高騰します。すると、社内規定に合った宿泊代のホテルは郊外にしかありません。この状況を会社に説明するために時間がかかり、ハイパフォーマーのやる気を削いでいる会社もたくさんあります。

その時に必要なすべてのポストに
最高の人材を、最高の処遇で

↑

最高の事業を作るには

人が辞めるのは問題

3.6 大量採用したい

エンジニアを
大量に採用したいのですが、
うまくいきません……

これからは、テクノロジーで勝つ！　それを
実現するには、優秀なエンジニアを大量に採用し、活躍
してもらう必要がある。しかし、当社にはエンジニアが
活躍できるようなイメージがないので、応募が少ない。

この課題にはこの本！

『見える化』
遠藤 功／東洋経済新報社

flierに要約があります
（右の2次元バーコードを読み込んでください）

この本から学ぶポイント3つ

01 見える化には、
「見せる」意思と
行動が必要

02 真の「見える化」
の実現には、「見せる化」
を推進しよう

03 見る意思のない人、
弱い人に、
どうやって「見せる化」
するかがポイント

社外広報は採用広報

　大量採用するには、まず、現状把握をする必要があります。対象の求職者（ここではエンジニア）の①認知度を高め、②就職意向度を高める必要があります。自社の能力を把握するために、同業他社を含めて、エンジニアの①と②を調査します。**同業他社の採用力と比較することで、自社の現状の採用力を把握することができます。**

　一般に①認知度はtoCのビジネス（一般消費者向けサービス）で高くなります。②就職意向度は、様々な要因があるのですが、象徴になるようなエンジニア、ロールモデルになるようなエンジニアがいると向上します。

　ここで社外広報の出番です。**社外広報によって①認知度を高め、②就職意向度も高める**のです。エンジニアが対象だと、「マス」マーケティングは非効率です。エンジニアが参加する、あるいは利用するコミュニティやイベントで①認知度を高めながら、優秀なエンジニアがたくさんいることをPRし、②就職意向度を高めるというのが主戦略になります。社外広報のミッションは、①②を「いつまでに」「このレベルまで」高める、ということになります。

　そして、定期的に①②について調査を実施し、施策がうまくいったかどうかを把握しながら修正していくのです。

なぜ、どの職種を、何人採用するのか

そもそも、大量にエンジニアを採用すると言っても、**どれくらい採用するのかの Goal（目標）設定が重要**です。この場合は、職種別に目標を設定します。3-1 で紹介した未来の組織図を参考にしてください。

エンジニアの場合は、内製率を加味するのもポイントです。どの職種は外注するのか、どの職種は内製するのかを検討して、採用目標を決めます。外注する場合も、自社で外注企業をマネジメントする必要があります。

これらを加味して、**何年間で最終的な目標を達成するのかを決定します。あわせて、それを年度、半期、四半期、月次の目標に落とし込みます。そして、直近については週次目標を設定します。**最初に作った計画に必ずしも固執（こしつ）する必要はありませんが、計画は必ず作ることをお勧めします。計画を作っておかないと振り返ることができません。

長期のプロジェクトは、どうしてもスタートがゆっくりになる傾向があります。それを防ぐためにも、最終的な Goal から逆算した数値計画を作りましょう。

採用プロセスを「見える化」しよう

そして、採用プロセスを「見える化」します。例えば、①応募→②面接→③最終面接→④内定などです。

このプロセスは採用しやすい職種についてのものです。応

募があるという前提になっています。しかし、エンジニアは採用しづらい職種です。エンジニアでは①応募数から大幅に不足します。そう考えると、**①応募よりも手前のステップが必要**です。

　例えば人材紹介会社に協力してもらうためには、人材紹介会社のリストアップ→アプローチ→契約を経て、ようやく応募者を紹介してくれるようになります。1社から紹介してもらえる応募者数を仮定すると、必要な人材紹介会社数が計算できます。

　必要な人材紹介会社数が確認できると、その必要数に愕然（がくぜん）とするかもしれません。それが見える化できると、人材紹介会社経由だけでは不足するだろうことがわかります。であれば、社員からのリファーラル（知人紹介）、求人メディアの併用（へいよう）なども検討する必要があることがわかります。

　実際に採用活動が始まると実務が大変になります。だからこそ、見える化です。**職種別に前記の①応募〜④内定の状況を毎週確認し、必要な数と比較してください**。そして、多いところは①応募を減らし、少ないところは強化するのです。

　そうこうしていると、社外広報が効果を出してきます。①認知度が高くなり②就職意向度も高くなってくると、人材紹介会社も求職者に薦（すす）めやすくなり、その結果、応募数が増えます。

　加えて、リファーラルや求人メディアからの応募も増えていきます。

大量採用
人事＋社外広報＋現場の協力

通常の採用
人事主導＋現場の協力

☑ 中尾のまとめ

大量採用するには、対象職種の人材からの①認知度と②就職意向度を高めながら、人材紹介会社などに味方になってもらい、就職プロセスを「見える化」して、KPIマネジメント（6-3参照）するのが王道です。

> 優秀な人材を
> 採用したいのですが、
> うまくいきません……

優秀な人材を採用し、その人が活躍できる環境を整えることが、業績を伸ばすために重要だということはわかっている。しかし、優秀な人材の応募は限られているし、他社も内定を出すので、当社に来てくれない。たまに採用できても、うまく職場に馴染まず、短期で離職してしまう。

この課題にはこの本!

WORK RULES!
ワーク・ルールズ!

ラズロ・ボック グーグル人事担当上級副社長 著 鬼澤忍／矢羽野薫 訳

BY
LASZLO BOCK

世界最高の職場を設計した男
グーグルの人事トップが、採用、育成、評価のすべてを書いた

東洋経済新報社

『ワーク・ルールズ!』

ラズロ・ボック／
東洋経済新報社

flierに要約があります
(右の2次元バーコードを読み込んでください)

この本から学ぶポイント 3つ

01 明日からできること10
（第14章）

02 採用プロセスの標準化と
見える化

03 構造だけではなく、
その水準も重要

グーグルもやっていることの「構造」は同じ

　私は、物事を捉える時に「構造」と「水準」と、必要に応じて「徹底度合い」で把握する習慣があります。

　構造を把握するとは、「因数分解するとどのような機能があるのか？」「特にどの機能が重要なのか？」「それぞれの機能の重要なポイントは何か？」ということを理解することです。

　そして、「その重要な機能やポイントは、どのような水準で実施できているのか？」と、レベルを把握しようと試みます。「同業種の中でどうなのか？」「国内でどうなのか？」「世界で比較するとどうなのか？」といったことを把握するのです。

　これらにより、私が担当する物事や組織のどこが強みで、どこが弱みで、どこを強化すべきか、どこを放置すべきなのかの全体像を把握できます。

　そして、最近、物事を把握する際に加えたのが「徹底度合い」です。

　ある機能で高いレベルであると評価されている業務があるとします。ところが、その「徹底度合い」が低いケースがあるのです。必ず「いつも高いレベルの仕事をしているのか？」「高いレベルの仕事を大体の場合しているのか？」、あるいは、「高いレベルの仕事を過去にしたことがあったり、時々

したりすることがあるのか?」を見分けないといけません。

強い組織は、高いレベルの仕事をする徹底度合いが高いのです。

前置きが長くなりました。

何が言いたいかというと、この本を読むと、グーグルがやっていることの大半を、日本企業もやっているように感じるのです。つまり、構造は同じなのです。

しかし、その**水準と徹底度合いで差がついている**のではないかと思います。

グーグルに採用で勝つためには?

採用を恋愛に喩(たと)えると、グーグルなどのビッグテックは、おそらく世界中の人が恋愛したいと思うような憧(あこが)れのパートナーだと思います。そう考えると、彼らと伍(ご)して、私たちが応募者の恋愛対象となるにはどうしたら良いでしょうか?

それは、**ビッグテックより先にプロポーズする**ことだと思います。

恋愛強者であるビッグテックに、私たちより先にプロポーズされたら、私たちは勝てる道理がありません。プロポーズまでの期間をどうやって短縮するのかが重要ポイントになります。

採用に話を戻すと、ビッグテックより先に内定を出すとい

うことです。もちろん、ビッグテックより先に内定を出したとしても、彼らが後から内定を出したらひとたまりもありません。しかし、彼らが先に内定を出したら、私たちには内定を出すチャンスすら与えられないのです。**内定を出すまでのスピードアップは必須**なのです。

自社の採用活動を見える化してみると、面接などミーティングの設定などやり取りに時間がかかっているのがわかるでしょう。人材紹介会社からのレジュメ（職務経歴書）のチェックまでの時間、その後の面接の設定、1次面接から次の面接までの時間などなど。これらの時間を短くできれば、採用活動の時間は簡単に半減できます。

例えば、レジュメから「この人が良い」と思った応募者は、1次面接時に次の面接者のスケジュールを押さえておいて、1次面接終了時に次の面接を設定すれば、時間を大幅に削減できます。

信頼できる人材紹介会社には、役員の携帯電話に直接電話してもらい、直接役員面談を設定するのも有効です。

採用期間を短くできると、仕事が早いイメージを応募者に提供でき、かなり好印象を与えることができるのもメリットですね。

採用に
影響を及ぼす因子

採用力
　＝企業の力
　×職種の力
　×職場の力
　×勤務条件の力
　×採用選考の力
　×採用コミュニケーションの力
　×採用コミュニケーションの量

「職種の力」以外は
自社で向上させることができる

☑ **中尾のまとめ**

　優秀な人材を採用するには、採用期間を短くし、スピードを上げることが重要です。このような活動を SIP（Speed Is Power）と呼んでいます。

　仕事はすべて SIP する方がうまくいく可能性が向上します。

38 継続できる組織を作りたい

何かをやろうとしても継続できない組織で、困っています。

リーダーが旗振りをして色々なプロジェクトを始めるが、気付かないうちにやめている。現場は「どうせすぐにやめるのだから」と、やったフリだけして本気でやらない。

この課題にはこの本！

The POWER of HABIT
習慣の力
〔新版〕

チャールズ・デュヒッグ
渡会圭子 訳

by
CHARLES DUHIGG

早川書房

『習慣の力〔新版〕』
チャールズ・デュヒッグ／
ハヤカワノンフィクション文庫

この本から学ぶポイント 3つ

01 きっかけ→
ルーチン（習慣）→
報酬の関係

02 きっかけと報酬を変えずに
習慣を変えるのが鉄則

03 個人には習慣があり、
企業には機械的手順がある

「キーストーン・ハビット」を見つけよう

　この本には、企業が習慣を変えることに成功して大きな成果を挙げた事例がたくさん載っています。業種業態は様々ですが、共通点があります。それは、「キーストーン・ハビット」（要となる習慣）を見つけて、それを変えることです。**キーストーン・ハビットを変えることができると連鎖反応が起き、他の悪い習慣も変わっていくのです。**

　例えば、業績が悪かったアルコア社は、従業員の怪我の撲滅からすべての仕組みが変わりました。「『個人には習慣があり、集団には機械的な手順がある』と、ジェフリー・ホジソンは書いている」（p.161）ということですが、その「機械的な手順」が変わったのです。

　同社の新 CEO オニールは、「最初に手をつけるべきことは、誰もが（組合も管理職も）重要だと認める事柄だと考え」（p.163）ました。そこで、「目標は事故ゼロです」（p.154）と、就任挨拶の場で宣言したのです。
「社員を守るためには、まずなぜ怪我をするのか、その理由を突き止めなければならない。そして怪我の理由を知るには、製造過程にどのような欠陥があるのかを理解しなければならない。そしてそのためには社員を教育し、品質管理と効率的な手順を徹底する必要がある」（p.164 ～ 165）

　オニールは 1 年で記録的な利益を挙げ、怪我は全米平均の 20 分の 1 になり、オニールが在任中に株価は 5 倍になっ

たそうです。事故０は、まさにキーストーン・ハビットで
した。

ＡＢＣＤが実践できているか

**良い習慣ができている企業は、ABCD（A：当たり前のこと
を／B：馬鹿にせずに／C：ちゃんと／D：できる）を実践でき
ているとも言えるかもしれません。**

トヨタ自動車には、「現地・現物・現実」という言葉があ
るそうです。情報は現地に行って、現物を確認して、現実を
見なければいけないということです。

こんなことは言われなくてもわかっていると思うかもしれ
ません。まさに当たり前です。しかし、実際にこれが当たり
前レベルでできているのかと聞かれると、いかがでしょうか。

かつて、私の職場をトヨタ出身のコンサルタントにチェッ
クしてもらったことがありました。当時の部署はトヨタ並み
の「見える化」が実現されているとお褒めの言葉をいただき
ました。しかし、壁の掲示板に貼ってあった資料が最新では
なく、２〜３日前のものでした。そのような状態をトヨタ出
身のコンサルタントは見逃しません。我々はABCDができて
いない組織だったのです。

短期で凄い成果を求めてはいけない

頭ではわかっているのです。「変化はすぐに起こるもので
はないし、常に簡単でもない」。しかし、私たちはついつい

すぐに成果を求めようとしすぎる傾向があります。そして、短期で成果が出ないと、その方法を変えてしまったりするのです。これが、やりっぱなしの組織の原因です。

　そのような組織を作っているのはメンバーの問題もあるのですが、リーダーが短期で凄い成果を求めすぎることも１つの原因かもしれません。**リーダーが腰を据えて、本気で取り組めば、きっと大きな変化が起きる**と思うのです。実際、経験則になりますが、時間をかけて努力を続ければ、ほぼどんな習慣でも作り変えることが可能になります。

　また、習慣化する際は、**最初から大きな負荷をかけないことも重要です。**最初に大きな負荷をかけると継続できません。

習慣を定着させるにはロールプレイングが有効

　習慣とは「必ずできる。それも、意識しないでもできる」状態です。まず「わかる」と「一度できた」には大きな溝があります。一度できても、「だいたいできる」までにも溝があり、ましてや「いつでもできる（習慣）」とは大きな溝があります。習慣の定着には工夫が必要です。

　そのためには、ロールプレイングが有効な手法の１つです。リクルートの事業でも、成功している部署はロープレが得意でした。新しいサービスが始まると顧客役と営業役に分かれてロープレをするのです。そして、いつでもどこでもできる習慣にするのです。

習慣化のメカニズム

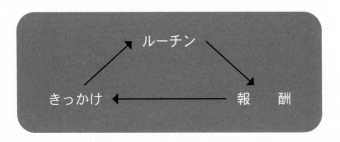

きっかけを見つけ、きっかけと報酬を変えずに、
習慣を変えよう

きっかけは、場所、時間、心理状態、自分以外の人物、
直前の行動などにあることが多い

☑ 中尾のまとめ

　経産省の視察でインド、シンガポール、深圳（しんせん）に行く機会がありました。団長のIさんに「この本を読んでいないのはダメだ」と言われ、手に取りました。それ以降、良い習慣を継続するのが得意になりました。

それぞれの組織は頑張っているのですが、会社全体で成果が出ません……

それぞれの組織は努力しているが、忙しいこともあり、自組織の目標に関係ないことには協力できない。結果として、顧客がたらい回しにされ、顧客満足度が低下し、業績が下がっている。

この課題にはこの本！

真実の瞬間
MOMENTS OF TRUTH

SASのサービス戦略はなぜ成功したか

SASグループ最高経営責任者
ヤン・カールソン
堤 猶二 訳

ダイヤモンド社

『真実の瞬間』
ヤン・カールソン／ダイヤモンド社

この本から学ぶポイント 3つ

01 顧客と出会う最初の15秒で顧客満足を提供しよう

02 ピラミッドの階層を少なくしよう

03 コミュニケーションを阻む障害物を排除するために権限委譲しよう

ストッキングをひっかけた顧客とCA

　瀕死の状態にあったスウェーデンのスカンジナビア航空を
V字回復させた立役者ヤン・カールソンの実話です。

　かつての同社の悪いエピソードを、「序文」でトム・ピー
ターズが書いています。

「客室内のパネルが一部ゆるんで浮いている。鋭く突き出た
そのパネルの端に引っかけてストッキングを破ってしまった
乗客が、そのことをスチュワーデスに告げる。しかし、適当
な工具がないので、スチュワーデスは、そのパネルを修理す
ることができない。（中略）できることといえば、その事故
を報告することだけである。（中略）だが、あいにくその事
務所にあるのは電話機とインターコムだけで、工具はない。
そこでスチュワーデスは、さらに上部に問題処理を依頼す
る。そして、自分は責務を果たしたと考える。（中略）やが
て午後おそく、事故報告は他の担当部門に回送される。三〇
分後に技術課のだれかのデスクに、その報告が届けられる。
その技術課員には、はたして自分が問題のパネルを修理でき
るかどうかわからない。しかし、心配することはない。いま
飛行機は（中略）飛行中なのだ。技術課員は（中略）報告書
に"要修理"と指示を書き込む。パネルはやがて修理される
だろう。だが、さらに一〇足ストッキングを破ってからだ」
（p. i 〜 ii）

　顧客はどう思うのでしょう？

分割すると組織はサイロ化する

これは航空会社だけで起きる問題でしょうか？　例えば最先端の IT 企業でもよく聞く話です。①集客→②ナーチャリング→③営業→④カスタマーサクセスとビジネスプロセスに分割した組織でも起きています。

分割することで、それぞれの専門性は向上します。しかし、**専門性が高まるのと反比例するように組織間の壁が高くなり、サイロ化する**のです。①集客チームは、顧客を集めれば良い。②ナーチャリングチームは商談の場を作れば良い。③営業チームは受注すれば良い。そうして、プロセスの一番下流の④カスタマーサクセスにすべての歪みがやってくるのです。

それぞれのチームは与えられた目標を地道に追いかけていて、悪意があるケースがほとんどありません。しかし、結果として、顧客クレームが起きます。どうすれば良いのでしょうか？　**顧客満足度を意識するだけでは、本質的には何も改善されない**のは言うまでもありません。

リーダーは、品性があれば独裁者で良い

かつて私が担当した新規事業でも同様のことが起きていました。新規事業なので組織はシンプルで、①集客チーム→②店（現場）という、たった 2 つでした。たった 2 つのチームでも、工夫をしないと、部分最適な判断が起きます。集客チームは集客目標を達成することだけを追いかけます。する

と、集客できている店が予約でいっぱいにもかかわらず、その店への集客にさらに予算を投下することが起こるのです。

　幸い、集客チームのリーダーは全体最適で事業を見ることができる人物でした。そこで、目標を集客から販売額に変更したのです。まだ予約が入っていない店に集客することで、全体の販売額を上げられるからです。

　さらに、全体最適で考えると、予約が入っていない店の接客員に、一時的に、予約がいっぱいの店で働いてもらうこともできます。これを実現するには、接客員の心理的な不安を取り除く必要があります。慣れない店で働く不安です。それにより接客レベルが低下し、顧客満足を毀損して、販売に繋がらない可能性があります。この不安は、店を越えてコミュニケーションをすることができれば、減らすことができます。

　つまり、**全体最適のためには、様々な施策を同時並行でやる必要がある**のです。これらすべての権限を、集客リーダーに委譲しました。彼には全体最適で考えられる知性があり、私心が少なく品性もあったからです。

　その結果、店舗間の接客員のシフトもうまくいき、集客効率が高まり、顧客満足度も向上して、売上も増加しました。従業員満足度も向上しました。加えて、効率的な集客ができたこともあり、コストを増加させずに販売増を実現でき、利益も大幅に増加させることができました。顧客も従業員も会社も幸せな状態を実現できたのです。

「品性がある独裁者」でもある
リーダーが全体最適の組織を作り、
判断をすることで実現

↑

「真実の瞬間」
＝
顧客との最初の 15 秒で顧客満足を得る

☑ 中 尾 の ま と め

顧客との最初の 15 秒間で顧客満足を得る。こんなことを考えたことありますか？　たった 15 秒ですよ。これを実現するには、それぞれの組織が別々に考えていたのではうまくいきません。全体最適の思想が必須です。

3_10 経営判断のよりどころを見つけたい

短時間で重要な決断を
しなければならない時、
何かをよりどころに
したい……

リーマンショック、東日本大震災、コロナショックなど、多くの企業に影響を及ぼすような環境変化が発生する頻度が高くなっている。そのような場合、短時間で重要な決断をしなければいけない。何か判断のよりどころになる考え方はないだろうか。

この課題にはこの本！

『ザ・ゴール』
エリヤフ・ゴールドラット／
ダイヤモンド社

この本から学ぶポイント 3つ

01 「部分最適」ではなく
「全体最適」の
事業運営がポイント

02 「制約条件」を発見し、
そこを組織全体で
強化しよう

03 組織は、
「個別最適」な目標や
管理制度を導入している
ことが多い

縦糸は工場再建、横糸は家族の再生の物語

『ザ・ゴール』はアマゾン創業者のジェフ・ベゾスが経営陣と読んだという伝説の名著です。

この本で学べる制約条件理論（TOC：Theory of Constraints）は、トヨタ生産方式をはじめとした、日本で経験則的に行われていた方式を分析し、理論化したものです。しかし、この本の原書が発刊された当時の日本企業は国際競争力が高く、著者のゴールドラットは、「日本人は、部分最適の改善にかけては世界で超一級だ。その日本人に『ザ・ゴール』に書いたような全体最適化の手法を教えてしまったら、貿易摩擦が再燃して世界経済が大混乱に陥る」（p.547：稲垣公夫氏による「解説」）と長く邦訳を許可しませんでした。邦訳が出た2001年はバブル崩壊後約10年。日本の国際競争力が下がっていて、TOCを学んでも良いとOKを出したのでしょう。

ちなみに、この本（邦訳）は550ページ超と厚いのですが、小説なので一気に引き込まれて読めます。

主人公のアレックスは機械メーカー「ユニコ社」の新任工場長です。しかしその工場では慢性的に出荷遅れが続き、赤字状態が続いていて、上司の取締役から、3か月以内に目標を達成できなければ工場を閉鎖すると言い渡されます。工場再建に悩むアレックスは、空港で偶然会った大学時代の恩師ジョナと再会し、工場の評価の仕方に問題があることを学び

ます。ジョナはアレックスに「真の生産性とは何か」を考えるようにアドバイスを与え、工場の幹部と一緒に工場再建に取り組みます。これが物語の縦糸です。

加えて、工場再建に集中しているアレックスは、家族との時間が取れず、離婚の危機を迎えます。その解消も兼ねて、息子のデイブのボーイスカウトのハイキングに参加します。そこでの子どもたちの動きから、TOCの理屈を体感します。これをきっかけに家族との関係も改善に向かいます。

「工場はどうなるんだ？」「家族との関係はどうなるんだ？」とハラハラドキドキしながら、TOCを学べます。

TOC は製造業だけの理論ではない

2001年にこの本を読んだ私は衝撃を受けました。

TOCは理論なので、適用範囲は極めて広い。『ザ・ゴール』が工場再建の本なので、TOCは製造業で（のみ）活用できるものだと勘違いしている人が少なからずいますが、そうではなく、**様々な場面で活用できる**のです。

私の著書『最高の結果を出すKPIマネジメント』（フォレスト出版／6-3参照）も、TOCを参考にしています。

全体最適は良い組織づくりの原理原則

TOCを実行するには5つのステップがあります。まず①制約条件を特定する→②制約条件を徹底活用する→③制約条件以外を制約条件に従わせる→④制約条件を強化する→⑤制

約が解消したら、惰性に注意しながら、最初から繰り返す。

　組織の成果は制約条件の影響を受けます。ステップ①は、重要で改善の余地はあるのだけれど、伸ばせるかどうか不確か、つまり、一番弱いプロセスを特定することです。一般的には、弱い組織が担っていることが多いプロセスです。弱い組織は、新任リーダーが担当していたり、メンバーの大半が異動者や新人、あるいは契約社員や派遣社員、業務委託のメンバーなどであるケースが多いです。

　こうした**制約条件がある組織は、そこでしかできない業務に集中させます**。これが②のステップです。他の組織は、この制約組織をサポートします。それが③④のステップです。具体的には、制約組織の業務を肩代わりしたり、優秀な人材を制約組織に異動させたり、本部が積極的にこの制約組織のために人材を採用したり教育費用を投下したりします。これらにより制約組織を強化し、ここが十分に強くなったら、ステップ①に戻り、次の制約条件を特定し、同じく、その組織をえこひいきして強化し続けるのです。

　私はネックレスを例に制約条件を説明しています。ネックレスを引っ張り、最初に切れる箇所が制約条件です。そこを皆で強化するということです。弱い組織を強い組織が支援することで全体最適な事業運営になるわけです。

ＴＯＣを実行する５ステップ

❶制約条件を特定する
　　　　↓
❷制約条件を徹底活用する
　　　　↓
❸制約条件以外を制約条件に従わせる
　　　　↓
❹制約条件を強化する
　　　　↓
❺制約が解消したら、惰性に注意しなが
　ら、❶から繰り返す

☑ 中 尾 の ま と め

　制約条件理論（ＴＯＣ）を学び、こ
れを判断の基準にすることができれ
ば、様々な場面で応用が利きます。
私のKPIマネジメントは、ＴＯＣを
ベースにしているので様々な業種、
規模で活用できています。

第 **4** 章

人材育成の
課題を解決する5冊

優秀だと思って採用した人が活躍しないことがあります。育成するにしても、どうすれば効果的なのか……

採用だけでなく、育成も重要なのはわかるが、どのように育成したら良いのか、育成の効果をどのように測定したら良いのかわからない。結果、毎年、同じような育成計画を立てている。

この課題にはこの本!

超一流になるのは才能か努力か?

フロリダ州立大学心理学部教授
アンダース・エリクソン
ロバート・プール 土方奈美 訳

PEAK

SECRETS FROM THE NEW SCIENCE OF EXPERTISE
Anders Ericsson & Robert Pool

文藝春秋

『超一流になるのは
才能か努力か?』
アンダース・エリクソン、
ロバート・プール/文藝春秋

この本から学ぶポイント3つ

01 どんな能力も生まれ付きの才能ではなく、学習の質と量で決まる

02 自分の能力を少しだけ超える負荷をかけ続けよう

03 弱点を特定し、それを克服するための課題を徹底的に繰り返そう

超一流への10の鉄則

　この本の内容を、「30年以上にわたる研究で導き出された『超一流』への鉄則！」として10項目にまとめたものが、帯の裏表紙側に掲載されています。

　その中の鉄則⑩は、「どんな能力も生まれつきの才能ではなく、学習の質と量で決まる」です。

　育成に力を入れることは有用だと、この本を読むと再確認できます。育成のための「限界的練習」の方法についても、詳しく解説されています。

稲盛和夫さんも「熱意」で「仕事の成果」を高めた

　ラーニングゾーンモデルをご存じですか。能力開発のためには、**今の能力でできるコンフォートゾーンから出て、学びが必要なラーニングゾーンで仕事をすると良い**という教えで、様々な企業でこの考え方が取り入れられています。

　これはまさに、上述の「『超一流』への鉄則！」の鉄則①「自分の能力を少しだけ超える負荷をかけつづける」と同じです。

　名経営者の稲盛和夫さんは、「仕事の結果＝考え方×熱意×能力」という式を紹介されています。その中でも「考え方」が重要だとおっしゃっています。

　稲盛さんの言う「能力」は健康や体力や学力を指してしま

す。稲盛さん自身は新制大学を卒業され、旧帝国大学卒よりも「能力」は低い。その中でどうやって「仕事の結果」を出すか考えられたそうです。そこで、1つは「熱意」、つまり他人よりも努力することができれば、「能力」が低くても逆転できると考えたそうです。

また「考え方」は、マイナス100〜プラス100まであると言います。能力を悪に使う場合は、仕事の結果がマイナスになるということです。高い志を持ち、それを社会のために使うならば、仕事の結果がプラスの大きな数値になると言います。

つまり、正しい考え方を持ち、自分の能力を正しく成長させることで仕事の成果が出るということですね。**採用時に評価の差があったとしても逆転できる**ということです。

ISO30414で人材投資の見える化が求められる

2022年現在、私の興味の1つはISO30414です。これは、「企業価値のうち財務価値以外の非財務価値、特に人的資本を見える化しなさい」という決まりです。現在アメリカの上場企業には開示が求められています。

非財務価値には様々なものがありますが、その代表的なものが人的資本です。どのような従業員がいるのか、その人たちをどのように成長させる仕組みを持っているのかを説明しなさいということです。

アメリカの上場企業は、企業価値（時価総額）が金銭価値（純

資産）の3〜5倍あります。つまり、非財務価値の部分が企業価値を押し上げていると言えます。しかし、財務諸表を見ても、非財務価値についての記載は何もありません。

　ですから、投資家にしてみれば、ISO30414により、上場企業に非財務情報を開示させるのは、当たり前のことです。企業価値の中身を知りたいのに、財務諸表では、財務価値の何倍もある部分の詳細がわからないのですから。それでは不安で仕方ありません。

　日本も手をこまねいていたわけではありません。経産省を中心に、非財務価値をどのように開示するのかが検討されています。**2023年には人的資本の開示が始まると思います**。そうなると、自社の人材育成をきちんと説明する必要があります。

　例えば私がいたリクルートは、起業家精神を生み出す育成体系や仕組みをたくさん持っています。そのような仕組みがあれば、投資家は「今後も安定的に新規事業を生み出してくれるだろう」と安心して投資できます。

　ちなみにISO30414では、女性の比率や外国人の比率、離職率や教育の時間なども開示を求められます。2-5で紹介したように、性別や国籍のダイバーシティが高い方が業績が良いというデータがあるからです。

　ダイバーシティマネジメントは、日本企業は極めて苦手です。育成に加えてダイバーシティへの準備もしないと、人材だけでなく、投資家からもそっぽを向かれます。

会社が社員の能力を
高める方法を整備し、
それを開示することが求められる
（ISO30414）

↑

「超一流」への鉄則⑩
どんな能力も生まれつきの才能ではなく、
学習の質と量で決まる

☑ 中 尾 の ま と め

「超一流」への鉄則⑩「どんな能力も生まれつきの才能ではなく、学習の質と量で決まる」。

　これを従業員個人だけに求めるのか。会社が仕組みとして持っているのか。今後、ISO30414などで、企業の姿勢が問われます。

4-2 新人・若手に経営観を持たせたい

新人や若手には、
目の前の仕事を頑張って
欲しいのはもちろんだが、高い視点も
持ってもらいたい。どうすれば
良いでしょうか？

新人や若手を組織に受け入れることになった。せっかく受け入れるのであれば、視点を高め、視野を広げ、経営観を持てるような育成方法を考えたい。

この課題にはこの本！

『経営者に贈る
5つの質問 [第2版]』
P・F・ドラッカー／ダイヤモンド社

この本から学ぶポイント3つ

01 5つの質問そのもの

02 これに回答するには
経営者と会話が
必須であること

03 これに回答するには
他部署の責任者との
会話も必須であること

新人を受け入れる時に研修の題材にした本

　この問題は、まさに私が受け入れ側で経験した実話です。

　リーマンショックによる世界的不況が起きました。既存事業は事業計画を下方修正し、4月の新人受け入れができない状況でした。私が担当していた新規事業は、4月に5人、10月に6人、外部から中途採用を計画していました。全社でも数少ない、増員計画をしていた部署だったのです。

　COOから連絡があり、4月、10月の合計11名の中途採用をすべて4月の新人配属にしてほしいという依頼、正確には命令が来ました。私自身、責任者としての新人受け入れは初めて。しかも、100名に満たない組織で11名の新入社員です。

　さらに、当時のリクルートの新人の大半は営業配属予定でした。法人向けの営業として数千万円、あるいは億円規模の大きな仕事をするつもりで入社しています。私の組織は個人向けの接客で、数千万円といった大きな額の仕事もしません。一歩間違えると、せっかく入社してくれた新人のやる気を損ねてしまうかもしれません。

　そこで考えたのが、「小さな経営者」というコンセプトでした。私たちの事業は店舗ビジネス。しかも、事業計画、新規出店、集客、採用、育成計画まで店長が担います。店長は、まさに経営者なのです。

　そして、5人と6人の2チームに分けて、この本に載って

いる「5つの質問」に1か月後に回答するという研修プログラムを作りました。

シンプルだけど深い「5つの質問」

5つの質問はとてもシンプルです。本自体もとても薄いものです。

具体的な質問は、

①われわれのミッションは何か？

②われわれの顧客は誰か？

③顧客にとっての価値は何か？

④われわれにとっての成果は何か？

⑤われわれの計画は何か？

です。

ただし、**これらに回答するには、自社理解はもちろんのこと、自社の歴史を知り、幹部へのインタビューなどをする必要があります。**

最終的には2チームとも幹部向けのプレゼンテーションがあるので、相互にプレゼン資料の比較ができ、ヌケモレのチェックもできます。視野・視点が短期で高まるのです。

しかも、幹部もこの5つの質問に回答できなければいけません。幹部間で回答がずれていても困ります。並行して幹部間でのコミュニケーションも活性化するというおまけまでついてくるのです。まさに一石二鳥です。

実際、この研修は大成功。新人たちは想定を超える速度で

成長してくれました。そしてこれをきっかけに、私の部署に新人を入れると育つと本部が判断をしてくれて、毎年新入社員が配属されるようになりました。

　この研修には、思わぬ副産物もありました。当時、私たちの組織は全国に店舗を持っていました。各地の店舗に配属された新人が、研修の度に、毎回リアルで会うのは効率が悪すぎます。そこで、テレビ会議と社内のイントラネットを活用して仕事をするようにしました。

　この研修を実施したのは2009年ごろです。当時からこのような仕事の仕方をしていたので、新型コロナウイルスによる世界的なパンデミックでも、仕事の進め方は何も変わらないどころか、よりしやすくなりました。

自分自身の経営者になろう

　この5つの質問に回答する際に、もう1つやって欲しいことがあります。それは **「われわれ」を「私」に変えて考える**ことです。つまり、私のミッション、顧客、顧客価値、成果、計画は何かを考えるのです。

　これは、いわば「私」株式会社の経営者になるということです。一度、自分が生まれてきたミッションは何なのか、それは誰にどのような価値を提供し、どのような成果を挙げることなのか。そして、それをどのようなスケジュールで実現したいのか。それを考える機会があっても良いと思うのです。

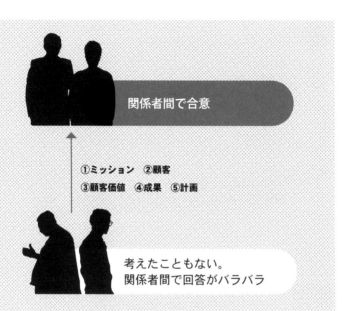

関係者間で合意

①ミッション　②顧客
③顧客価値　④成果　⑤計画

考えたこともない。
関係者間で回答がバラバラ

☑ 中 尾 の ま と め

「経営者に贈る5つの質問」に
回答することは、すべてのリーダ
ーにお勧めです。

　そして、同じ会社内の各組織の
リーダー間で回答を一致させるこ
とがさらに重要です。

　もちろん、新入社員研修で実施
すると、新入社員の視野・視点が
高まります。

昇進させたリーダーが、業績を挙げるためには手段を選ばない人で困っています。

業績が高いメンバーをリーダーに昇進させたのだが、業績のためには何でもやって良いわけではない。杓子定規に何でもかんでもルールに従って欲しいということではないが、目に余る。

この課題にはこの本！

君の真の言葉と行動こそが
困難を生き抜くチームをつくる

WHO YOU ARE

ベン・ホロウィッツ
（『ハード・シングス』など
代表大企業研究者）

『HARD THINGS』
著者待望の第2弾！

『**WHO YOU ARE**』
ベン・ホロウィッツ／
日経BP

flierに要約があります
（右の2次元バーコードを読み込んでください）

この本から学ぶポイント **3**つ

01 企業文化は
価値観ではなく
行動規範によって作られる

02 言行を一致させることが
とても重要

03 良い企業文化、
チーム文化を作る
エッセンス

「少しずるいこと」が大きな問題を生む

　ある会社の営業が、目標達成のために次のような受注登録をしていました。ある月に納品する商品の売上額を増額して登録し、その代わり、翌月以降の受注を無料ということにしていたのです。例えば、毎月50万円ずつ、6か月で300万円の受注をした場合、初月に300万円の受注をしたことにし、残りの5か月は売上0ということにします。そして実際に顧客に請求する際は、分割請求ということにして、毎月50万円ずつ、6か月にわたって請求していました。

　こうして受注目標を達成したことにし、この営業は評価を受けて、昇進もしていきました。部下にも、目標達成できない場合は、同様のことをするようにアドバイスしました。それに従った少しずるい人たちが昇進・昇格し、これをしない人は昇進・昇格が遅れるということになりました。

　すると3つ問題が起きたのです。1つは**様々な規律が乱れてきた**ことです。「少しくらいのずるいことはやっても良いのだ」という雰囲気が蔓延してきたのです。

　2つ目は、顧客に借りができたことです。その結果、無理な要望にも応えなければなりません。

　3つ目は、そもそもこの受注は先食いなので、どこかで破綻が起きることです。特に営業の担当替えが起きると、引き継いだ営業にとっては、納品業務は発生しているのに、受注済なので、自分の数字にはなりません。

やはり「品は位で功は禄で」

　この悪夢の始まりは、功に位を与えてしまったことです。

　何度も取り上げていますが、誰を昇進・昇格させるかは「品は位で功は禄で」に従うことに尽きると思います。**「品性が高い人は高い地位につけて、功績があった人には高い給与を支払う」**という意味です。原典は中国最古の歴史書『書経』で、西郷隆盛の言葉として引用されることが多い言葉です。

　ポイントは功績の話と昇進・昇格（地位）の話を分離して考えること。ついつい功績があった人に地位を与えがちですが、功績があった人を評価して高い給与を支払うことは、地位とは別だということです。それは、**個人で結果を出す能力とチームを率いる能力は異なる**からです。もちろん、両方の能力を持っていれば最高なのですが、そうではないことが多いのです。

　では、どのような人に昇進・昇格してもらえば良いのでしょうか？　それは、品性が高い人です。具体的には**「私心」が少ない人**が良いと思っています。

　私心が少ないとは、「私だけが得をする」という行動を取らないということです。**現代のリーダーに求められているのは、部下に合わせて、それぞれの部下が仕事をしやすい状況・環境を作ること**です。芸能人のマネジャーのようなものです。大御所タレント相手だと、彼らが気分良く最高のパフォーマンスを出せる状況を実現できること。新人相手だと、場

合によっては指示命令までして、彼らが一流芸能人になる可能性を高めることが仕事です。芸能人のマネジャー同様、**自分が表に出ないで、メンバーが陽の目を見るようにすることができる人がリーダーになると最高**です。

　実際、私のいたリクルートで、直前期の目標を達成できなかったメンバーを管理職にしたことがあります。個人で業績を挙げることよりも、それぞれの特徴に合わせてメンバーの能力開発をすることが得意だったからです。

言行一致の重要性

　この本には、史上最大の領土を手にしたチンギス・ハンの話が載っています。「チンギスの将軍は敵方に降伏すれば命は助けてやると約束しながら、降伏してきた敵方を惨殺するのが常套手段だった」（p.182）そうです。ところが、若いころに囚われの身になったことがあるチンギス・ハン自身は、「部族の外にも、家族と同じように心から信頼できる人はいると確信し」（p.179）、その後、「敵兵をとりわけ厚遇した」（p.189）り、「戦いに破れた部族でも、勝った部族の家族の一員と」（同）することもあったということです。「チンギスの軍では全員が平等に馬に乗り（中略）一人ひとりが必要なものを運んでい」（p.183）ました。「言葉どおりに行動した」（p.186）ことで、史上最大の領土を征服できたのかもしれません。

品は位で功は禄で

功績を挙げた人には**給料**を
品性が高い人には**地位**を

↑

**良い企業文化を
作るには**

功績を挙げた人に
給料も**地位**も与える

4_4 次の社長・上級幹部候補の育て方

> 次の経営者を育成したり
> 選抜したりする仕組みが
> ありません。どう作れば良いの
> でしょうか……

社長への内部登用が多い日本では、想定される
現社長・CEOの交代時期を見据えて、次の社長・
CEOを選抜・育成する中期的な取り組みが重
要。急遽交代が必要な緊急事態に備える必要も
ある。しかし、当社は両方ともできていない。

この課題にはこの本！

『CEOを育てる』
ラム・チャラン／
ダイヤモンド社

この本から学ぶポイント**3**つ

01 CEOの仕事は量的にも
質的にも他のどんな
仕事とも異なる

02 同じCEOは二人といない

03 CEOも欠点を持った
一人の人間である

デジタルと海外進出が複雑性を増加させている

　私の29年間のリクルート生活のうち、最後の2年間はリクルートワークス研究所でした。そこでの研究テーマの1つが「次のCEOをどのように選ぶのか」というものでした。

　実際に各社がどのようにして次のCEOを選んだのかという話は外に出てきません。そこで、色々な伝手をたどって、10人ほどの一部上場企業のCEOまたはCEOを実際に選んだ方に話を聞きました。その際に複数の方が参考にしていたのが、この本でした。

　次のCEOは、候補者のプールを作り、長期にわたって様々な経験や機会を提供して、育成しながら選抜していきます。今でも国家公務員の事務次官などは同様の仕組みです。私が話を伺ったCEO自身もそのような選抜の仕組みで生き残ってきた人であり、後継者にも同様の育成の仕組みを準備していました。基本的な考え方はこれで良いと思います。

　しかし、2つの大きな変化がやってきて、この育成の仕組みを複雑にしています。

　1つはデジタルの急激な進展です。現在のビジネスではITやデジタルの知識がないと話になりません。日本の上場企業の社長の就任時の平均年齢は60歳。欧米は10歳若い50歳です。今では50歳でも年齢が高いかもしれません。デジタルの進展を肌感覚でわかっているのは、より若い人材です。

そんな**若い人材を登用する仕組みがあるのか**、という話です。

さらに話を複雑にしているのが海外への進出です。企業が成長するには、伸びる市場に出る必要があります。日本市場は伸びていません。海外進出が必須です。その際にM&Aをして時間を早めることが少なくありません。すると、**M&Aをした会社の若くて優秀な人材をどうやって抜擢**するのか、という問題が生じます。

リクルートホールディングスの2012年3月期の海外売上比率は3.6％でした。10年後の2022年3月期の海外売上比率は55.5％です。取締役を見ると、社外取締役を入れてもわずか7名。年齢や国籍や性別のバランスが良いのがわかります。執行役員もわずか11名。同じく、年齢、国籍、性別のバランスも良いのがわかります。

1人でArtとScienceとCraftを兼ね備えなくて良い

優秀なCEOは必要です。しかし、本当に1人のCEO（リーダー）がすべてを判断できるのでしょうか。もちろん、稀にそのような人がいるかもしれません。しかし、リーダーがあまりに高く評価され、逆にNo.2やNo.3は不当に低い評価をされていないでしょうか？

ホンダの創業者である本田宗一郎さんには藤沢武夫さんがいました。ソニーでは盛田昭夫さんと井深大さんです。アップルのスティーブ・ジョブズには、ジョナサン・アイブとティム・クックがいました。グーグルにも創業者の2人とエ

リック・シュミットがいました。

　私が敬愛する経営学者のミンツバーグ教授は、経営には Art（直観）と Science（論理や数字）と Craft（経験）が必要だと言っています。**この３つを１人で持っているケースは稀**です。ジョブズの Art と Science を、アイブが Art と Craft でデザインにし、クックが Science と Craft で製造と物流の SCM（サプライチェーンマネジメント）を実現しました。彼らがいなければアップルの大成功はなかったかもしれません。

CEOを牽制するコーポレートガバナンスの重要性

『GE 帝国盛衰史』（トーマス・グリタ、テッド・マン／ダイヤモンド社）を読むと、CEO を牽制できない取締役会が描写されています。無理な高い目標でも、CEO のやりたいことを実行するしかない執行役員も描かれています。加えて、目標を達成するために法律違反ギリギリの利益管理をしていた本部スタッフについても言及があります。日本の大手上場企業でも類似の案件がありましたね。

　なぜこのような状態が起きるのでしょう。CEO に意見を言う、あるいは逆らった取締役や執行役員は淘汰されていたからです。黒いことは拒否しても、グレーに対して意見を言わなくなるのです。

　しかも、取締役の大半を CEO が選抜していました。加えて、取締役会議長を CEO が兼ねていたそうです。これではガバナンス不全です。

・CEO を選抜する仕組み
・Art、Science、Craft を実現する
　経営チーム
・CEO を牽制するガバナンス

**高い業績を
挙げ続けるには**

優秀な CEO を
選抜する仕組みを作れば良い

☑ 中 尾 の ま と め

　次の絵が描け、実行できる人を
CEO にし、多様で、専門性が高
く、CEO に忌憚のない意見を言
える人物を社内、社外の取締役に
置くことでガバナンスを高めるこ
と、すなわち、**経営チームの設計**
が重要です。

女性管理職を
増やしたい、増やさなくては、
と思っているのですが、
なりたがる人がいません……

女性管理職を増やす必要性が叫ばれて既に長い時間が過ぎている。しかし、女性の中間管理職登用が進まない。この状況を何とかしなければならない。

この課題にはこの本！

ギンカ・トーゲル
Ginka Toegel
小崎亜依子・林寿和 訳・解説

女性が管理職になったら読む本

「キャリア」と「自分らしさ」を両立させる方法

『**女性が管理職になったら読む本**』
ギンカ・トーゲル／
日本経済新聞出版社

この本から学ぶポイント 3つ

01 平均的に女性の方が
変革的リーダーシップの
素質を持っている

02 リーダーと女性の役割を
自分らしいやり方で
融合させれば良い

03 35％が
ティッピング・ポイント

女性の方が変革型リーダーに向いている

　私はリクルート在籍時代に、ある新規事業の責任者を6年間務めました。6年間で売上30倍、店舗数12倍、従業員数5倍を実現できました。このような急成長をしながら、1人あたり売上は6倍（売上30倍÷従業員数5倍）と、生産性も大幅に向上できました。加えて従業員満足度も高く、その結果、離職率も極めて低い水準を維持していました。

　この新規事業は、特性上、「ホスピタリティ」が必要不可欠でした。ここで言うホスピタリティとは、他人の成功や幸せの実現を支援しながら、その成功が実現した時に、自分を褒めてもらわなくても自分のことのように喜べるということです。成功を支援するスキルと利他のスタンスを持っているということです。

　男女にこだわりなく採用していたのですが、結果、8割が女性の組織になりました。当初、女性のマネジメント志向は低かったのですが、**きちんとマネジメントについてのスキル習得の機会を提供したところ、優秀な管理職になってくれました**。ホスピタリティを持ちながら、変革マネジャーとして活躍してくれたのです。

　この本によると、「米ノースウェスタン大学心理学部のアリス・H・イーグリー教授らの研究によって、『男性よりも女性のほうが、変革型リーダーシップの資質を持っている』という事実が明らかになりました」(p.43)。「『心の知能（EQ）

は男性より女性のほうが高い』といわれています」（p.45）ともありますが、まさにそれを体感しました。

　女性管理職が活躍してくれたのは、組織に女性が多かったのも一因だと思います。この本によると、「ある組織に占める割合が15％を下回っているとき、その少数派に位置する人たちのことを『トークン』と呼びます。トークンとは『象徴』という意味で」（p.78）、目立ってしまうのです。35％がティッピング・ポイントだそうで、**女性管理職を3分の1以上にすることが1つの目標**になるようです。

女性がいなくてはイノベーションも生まれない

　どの企業もイノベーションを起こしたいと考えています。イノベーションはシュンペーターの定義によると「何かと何かを新しく組み合わせること」です。同じような人たち、例えば**同世代の男性だけが集まって、新しい組み合せを作れるでしょうか**。

　2-5でも紹介したように、マッキンゼーのDiversity Matters 2015によると、性別の多様性が高い4分の1の企業と低い4分の1の企業を比較すると業績が15％違うということです。私がかつて在籍していたリクルートワークス研究所の調査では、イノベーションはDiversity（多様性）とInclusion（その人がその人らしくいられる）と専門性に相関があるという調査結果になっていました。

　日本の企業では女性や外国の人たちに対して日本の男性のように振る舞うことを求めるケースがあります。それではイノベーションを生まないということです。

男性の管理職が多いのは無意識のバイアスのため

　この本によると、「アメリカの『フォーチュン500社』に選ばれた企業のうち、女性がCEOを務めている会社はたったの24社、比率にして4.8％（中略）イギリスの『FTSE100株価指数』の構成企業では4％、オーストラリアの『ASX200株価指数』の構成企業では3％」（p.51）だそうです。日本の上場企業ではどうでしょうか。「全上場企業3584社のうち、女性が社長を務めるのは29社」（p.52／2014年12月時点）で1％弱だということです。

　これは男女の能力差の問題ではありません。「氏名や性別などを伏せた選考（ブラインド審査）によって女性の採用が拡大する」（p.65）のです。男性の管理職が多いのは、単に男性だからかもしれないのです。

　このバイアスは無意識ですから、解決するのはかなり困難です。しかし、先日、ある上場企業で中途採用をする際の基準を次のようにしたという記事を読みました。それは、応募者の男女比を揃えるというものです。**最終的な採用という結果ではなく、応募というプロセスで機会を平等にする**というものです。これは多様性を高めるための具体的な方法だと思います。

女性がキャリアを
前進させるための 6 つの課題

（『女性が管理職になったら読む本』p.122 より）

❶ビジョンや戦略を語る力

❷ネットワークを構築し、活用する力

❸キャリア移行のマネジメント

❹積極性や自信、上司との付き合い方

❺健全に関心を集める力

❻他者に影響を与える力

☑ 中 尾 の ま と め

　どの企業もイノベーションを生み出して業績を上げたい。それを実現するには、多様性が高い方が、可能性が高まります。

　まず、採用する際に応募者の多様性を高めることから始めてみませんか。

第 **5** 章

商品・サービスづくりの
課題を解決する8冊

新商品開発を
したいのですが、どうすれば
顧客ニーズをうまく把握
できるのでしょうか？

様々な顧客アンケートやインタビューを
行い、それをもとに新商品を開発したが、
その新商品がうまく立ち上がっていない。

この課題にはこの本！

『ジョブ理論』

クレイトン・M・
クリステンセン他／
ハーパーコリンズ・ジャパン

flierに要約があります
（右の2次元バーコードを読み込んでください）

この本から学ぶポイント3つ

01 ビッグデータで
顧客が誰かはわかるが、
なぜ買うかはわからない

02 数値化できない
因果関係にこそ
イノベーションの鍵がある

03 自社製品も他社製品も
購入していない
「無消費者」を取り込もう

ミルクシェイクの「ジョブ」は朝と夜で違う

　私が29年間いた**リクルート**では「**顧客の『不』を解決する**」**という会話があちこちでされていました**。「不」とは不満、不便、不安、不足、不具合などのことです。

　リクルートの「不」の解決方法を学ぼうとしても、何かまとまった書籍があるわけではないのですが、これをクリステンセン教授が「ジョブ」と表現し、まさに「不」と同様に解決していくのが、この本です。読み応えがあります。

　この本に出てくる中で私が一番好きなのはミルクシェイクの事例です。

　ファストフード・チェーンを調査チームが観察すると、「午前9時まえにひとりでやってきた客に売れるミルクシェイクが驚くほど多かった」（p.32）ことに気付きました。客に聞くと、「『仕事先まで、長く退屈な運転をしなければならない』。だから、通勤時間に気を紛らわせるものがほしい」（同）とのこと。この「ジョブ」を片付けるために、「ストローだと20分ぐらいかかる」（p.33）し、「車のカップホルダーにもぴったり」（同）で、手も汚れない、濃厚なミルクシェイクが「雇用」されていたのです。

　一方、「ミルクシェイクは午後や夜にも、そして通勤客以外にも、大量に買われている」（p.34）。そこで解決していたのは、朝とは別の「ジョブ」です。「わが子に対して、一日じゅう、何度も何度も『ノー』を言いつづけている」（同）

親が、「子どもにいい顔をしてやさしい父親の気分を味わう」（p.35〜36）という「ジョブ」のために、ミルクシェイクが「雇用」されていたのです。ですから、「父親のうしろめたい気持ちが短時間ですむように」（p.36）、濃厚なミルクシェイクではなく、「さっと飲み終え」（同）られるミルクシェイクの方が良いことがわかりました。

顧客の「不」を解決して急成長したスーモカウンター

　私がリクルート時代に6年間担当したスーモカウンターも、顧客のジョブ（リクルート流には「不」）を解決しました。

　スーモカウンターは新築マンションと注文住宅だけを扱う紹介所です。この2種類の住宅は、いわゆる街の不動産屋さんがほとんど扱っていません。一般的な街の不動産屋さんが扱っているのは、賃貸住宅、中古住宅、建売住宅です。新築マンションを購入する際はその物件の「モデルルーム」に、注文住宅を建てたい時は住宅展示場の「モデルハウス」に行くのが常識でした。もちろん、モデルルームもモデルハウスも相談には乗ってくれますが、基本的にはそのモデルルームやモデルハウスを営業しようとします。当然です。比較検討できるように複数の物件を紹介してくれることはありません。

　顧客には、新築マンションや注文住宅について相談をして、複数の物件を紹介して欲しいという「ジョブ」がありました。それを解決したのがスーモカウンターでした。

　明確な顧客の「ジョブ」はあったのですが、解決できる場

所がありませんでした。だから、スーモカウンターができると、すぐに顧客からの支持を受けて、一気に広がったのです。現在では 200 か所を超える拠点になっています。加えて、ここ 2 年の間に一気にオンラインでの相談も広がり、ますます当たり前のサービスになってきています。

インタビューでは顧客ニーズがわからない

顧客のニーズを探ろうとインタビューをしても、うまくいかないことが多いです。**人は自分の行動やニーズをうまく説明できない**からです。

類似の事例で説明しましょう。私はハイパフォーマー（高業績者）の分析をするのが好きで得意です。ところがある時、ハイパフォーマーにその理由を聞いてもわからないということがわかりました。ハイパフォーマーが説明するのは、最近注力しているポイントや特徴的で印象深かったことなのです。実際に高業績を出せているポイントは、このような話ではなく、息を吐くように意識せずに実行している行動にあります。意識していないので、それを言葉にできるわけがないのです。

では、どうやったら高業績の秘密を把握できるのか。それは行動を比較することです。ハイパフォーマーとミドルパフォーマー（平均的な業績者）の行動を比較するのです。

より大事なのは、彼らの意見ではなく、行動です。同様に、**現地・現物・現実を意識して、顧客の実際の行動を把握することが最大のポイント**です。

ジョブ理論の実践手順

❶ジョブを見つける

❷顧客が現在の方法を手放し、自社製品・サービスを利用し出すストーリーを作る

❸阻害要因を取り除く。または、緩和する体験を用意する

❹製品・サービス・組織・プロセスをジョブ中心に構築し、ジョブ解決の状況を測定する

☑ **中 尾 の ま と め**

顧客の「ジョブ」を見つける。リクルートで言う、顧客の「不」を見つける。どちらも、まずは顧客を徹底的に観察することから始めなければいけないという戒めだと言えます。顧客観察のために「現地・現物・現実」を！

52 アイデアのつくり方

メンバーから新しい
アイデアが出てきません。
私も指導できません。

ずっとメイン商品が売れ続けると考えるのは
楽観的すぎる。そこで新商品開発を担当する
部署を作ったが、新しいアイデアが出てこな
い。私自身も指導できない。そもそもアイデ
アの作り方の手順などあるのだろうか。

この課題にはこの本！

『**アイデアのつくり方**』
ジェームス・W・ヤング／
CCC メディアハウス

この本から学ぶポイント**3**つ

01 原理を理解し、
方法を習得しよう

02 方法は5つのステップ。
最初は大量の情報が必要

03 アイデアを
生み出すためには、
想像力や感情を刺激する
情報と接しよう

まずは大量・多様なインプット

　この本はとても薄く、1時間もあれば読めます。方法として5つのステップが載っていて、これが秀逸です。**①資料を大量に収集→②資料の咀嚼（そしゃく）→③孵化（ふか）させる（問題のまったくの放棄）→④想像力や感情を刺激するものに心を移す→誕生→⑤生まれたばかりのアイデアを連れ出す→大したことないと気付く**。最後は身も蓋（ふた）もないですが、このステップを繰り返すということです。

　まず大事なのは①大量に情報収集すること。私自身もリクルートで新規事業のスーモカウンターを担当した際、顧客と紹介する企業のマッチング率を高めるために様々な情報をインプットしました。まずは類似業態の「不動産業」です。

　通常であれば、同業界の情報収集しかしないと思いますが、私たちは対象を広げました。例えば、人に相談するという類似点があるということで「人材紹介」「人材派遣」「保険相談所」「結婚相談所」「結婚式会場相談所」。そして、間に人を介しない「検索エンジン」「人材マッチングサービス」なども調べました。

　どうして様々な分野のインプットをしたのかというと、**イノベーションは遠いものを組み合わせた結果**だと考えていたからです。実際、私が多くを学んだのは、類似業界の不動産業ではなく、「結婚式会場相談所」でした。このビジネスのマッチング率は信じられないくらい高く、それを実現するた

めに、採用から育成、そして接客のフローまで標準化が進んでいました。さらに、その標準化も常に進化するものだったのです。私たちがこれらの情報に接しなければ、その後のスーモカウンターの躍進はなかったかもしれません。

想像力を刺激するものに心を移そう

　本当の話かどうかは諸説ありますが、ニュートンはリンゴが落ちるのを見て万有引力の法則を見つけ、アルキメデスはお風呂に入った時にバスタブから水が出ていくのを見て、アルキメデスの原理を見つけました。一見偶然のようにも思うのですが、**大量に情報を入れて、それを咀嚼して一生懸命考えていたからこそ、情報が繋がった**のだと思います。これはスティーブ・ジョブズが言う Connecting Dots ではないでしょうか。ジョブズも大学時代にカリグラフィー（文字を美しく見せる手法）を学んでいて、それがマッキントッシュのフォントに活かされました。

　これらを偶然ではなく必然にする方法が、この本にある方法の「③孵化させる（問題のまったくの放棄）→④想像力や感情を刺激するものに心を移す」です。ニュートンもアルキメデスも、散歩をしたり、入浴したりしていたのです。まさに、問題をいったん放棄したのです。そのことで心が穏やかになり、脳の中で情報の再整理が行われたのでしょう。加えて、想像力や感情を刺激するものに心を移す。それは人によって違うと思いますが、ビジネスで忙しい脳に別の一流の刺

激を与えることで、アイデアが孵化される可能性が高まります。だから私は大手を振って美術館や博物館、そしてオーケストラの演奏会に通っています。数時間でアイデアが孵化してくれるのであれば、極めて投資対効果が高いのです。

アイデアが必要なのは 0 → 1 だけではない

アイデアが必要なのは 0 → 1、いわゆる新商品・新サービスを生み出す時だけではありません。ビジネスを立ち上げる 1 → 10、あるいはビジネスを拡大する 10 → 100 の時にもアイデアは必要です。そして、ビジネスが進むに従い、リーダーは現場から遠い立場になっていきます。ですから、リーダーが現場情報を入手することも必要ですが、現場メンバーがアイデアを考えるようになることがもっと重要です。その時にも、この 5 つのステップを思い出してください。

大量の情報のインプットのためには組織全体で学ぶ習慣を作る必要があります。私がリクルート時代に主催していた「中尾塾」からは 100 人以上のリーダーが生まれました。その際のコンセプトは、①人（リーダー）から学ぶ、②本から学ぶ、③相互に学ぶ、でした。毎月 1 人、社内外からリーダーをお呼びして、短時間の講演と長時間の対話から学ぶ。毎月 2 冊、リーダーに必要な書籍を読んで、組織内に共通言語を作る。そして 4 人 1 組でグループコーチングを実施し、相互に刺激を受けることで、仕事の進め方を学ぶ。この手法は、組織全体でインプットをする方法論として役立つと思います。

アイデアを生み出す手順

❶資料を大量に収集

❷資料の咀嚼

❸孵化させる（問題のまったくの放棄）

❹想像力や感情を刺激するものに心を移す→誕生

❺生まれたばかりのアイデアを連れ出して周囲に
意見を求める。驚くほど否定的な意見が多く、こ
のアイデアが大したことがないと気付く
　→❶に戻る

☑ 中 尾 の ま と め

　アイデアを作るために一人悶々（もんもん）として
いても、何も生み出せません。重要なの
は圧倒的な量のインプットです。それが
アイデアを生み出す種になるのです。
　残念なことに近道はありません。日々
のインプットが重要です。

新規事業を
立ち上げるにあたって、
どうやって儲けるのかを考えるのに
苦労しています。

過去に、新規事業を立ち上げたけれど、顧客が期待するほど対価を払ってくれず、ビジネスにならないことがあった。利益の挙げ方には、どのような方法があるのか知りたい。

この課題にはこの本！

『ザ・プロフィット』
エイドリアン・スライウォツキー／
ダイヤモンド社

この本から学ぶポイント3つ

01 23の利益モデル

02 6組の「いとこ同士」の
利益モデル（p.277）

03 利益の重要性

売上・利益から話をするとうまくいかない

　この本はリクルートの新規事業部門の必読書です。
『ザ・プロフィット』という利益についての本を紹介しながら、逆のことを言いますが、新規事業で最初に売上、利益の話をするとうまくいかないことが多いです。では、どのような順番で話をしたら良いのか。それは、次の①〜⑤です。
①顧客は誰で、どのような「不」（ジョブ）があるのか
②我々は顧客の「不」を解決できるのか
③顧客は十分な数いるのか
④顧客は我々が期待する価格を支払ってくれるのか
⑤我々は期待する利益が出るオペレーションを設計できるのか
　売上は③×④で想定できます。利益を考えるのは⑤です。

　かつて私がいた会社にも、売上、利益で会話をしていた時代がありました。大きな売上、あるいは利益が見込めないと社内決裁が下りません。どうしても無謀な売上計画を立案し、想定以下のコストしかかからないという計画を立てるようになりがちです。そうすると、承認が下りた後に、その無謀な計画がチームの足を引っ張ってしまいます。
　変わったなと感じたのは、決裁者と起案者がこの①〜⑤の順番で話すようになってからです。特に、「④顧客は我々が期待する価格を支払ってくれるのか」を一緒に考えるようになったのです。

そして決裁者側は、「もしもっとコストをかけることができれば、検証時間を短くする方法、あるいは検証の精度を高める方法はないのか」という質問をします。経営から考えると、少しでも早く、新規事業に可能性があるのかないのかを判断できるというのは重要です。もちろんうまくいって欲しいのですが、うまくいかないという悪い情報こそ、1秒でも早く欲しいのです。

価格優位を選択できる会社は少ない

この本に載っている23の利益モデルには、サブスクモデルはありません。出版が2002年（原書、邦訳とも）で、当時はなかった利益モデルだからです。

サブスクは、例えば本来1万円で買わないといけない商品を毎月500円で利用できるのですから、顧客にとって極めて良いビジネスモデルです。では、顧客にとって素晴らしいモデルが、昔はなぜ成立しなかったのでしょうか？　それは、提供企業側に大きな初期費用が発生するからです。

上記の例の場合、企業の視点で考えると、1万円÷500円／月＝20か月以上継続利用してもらえれば、21か月め以降は1万円で売り切るよりも大きな売上が見込めます。しかし、これを実現するには2つポイントがあります。1つは解約率（チャーン）が低いこと。そしてもう1つは、十分な資金があることです。

仮にこの商品の営業利益率が10％だとすると、1万円で

販売した場合、1,000円の営業利益が出ます。逆に言えば、原価や販管費として9,000円がかかるということです。サブスクにした場合でも、この9,000円は商品提供開始時に支払う必要があります。つまり、初月は売上500円で支払いは9,000円なので、8,500円の赤字です。これは1件あたりの金額で、大量に提供すればするほど赤字がかさみます。この赤字を補填できるだけの体力が必要なのです。

　解約率が低ければ、その後の利益は大きく伸びますが、解約率が低くなければ悲惨です。

　これはサブスクに限りません。価格が安い方が営業しやすい。しかし、値段を安くすると、当然、利益率が下がります。つまり、利益が増えない。そうすると大量販売が必要になります。大量販売するには人件費や販促費が必要になり、また利益率を圧迫します。加えて、大量購入してくれる企業からの値下げ圧力も高まり、値引きに応じることで、また利益率を圧迫することになります。値引きしすぎて売れば売るほど赤字になるという笑えない話もありえます。

　サブスクや低価格戦略、値引きのような方法を選択できるのは、実は大企業だけなのです。「売りやすいから」「価格を下げないと売れないから」などという安易な理由で価格優位戦略を選択しても利益が出ないかもしれないことを覚えておいてください。価格優位戦略ではなく、**価値優位戦略が重要**だということです。

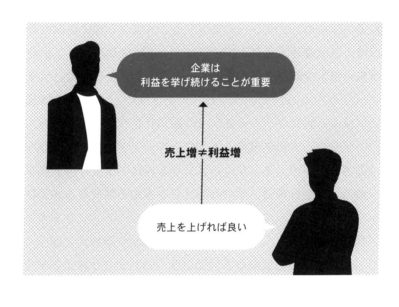

☑ **中 尾 の ま と め**

　この本では 23 の利益モデルが学べます。

　利益モデルを学ぶことも重要ですが、それ
以上に、利益の重要性を学んで欲しいと思い
ます。企業の Goal は利益を出すことであり、
売上を上げることでないことを再認識してく
ださい。

5_4 新規事業の立ち上げ方

> 新規事業を
> 立ち上げても、ビジネス
> として成立しないことが
> 続いています……

いくつも新規事業を立ち上げたが、どれも期待したほど売上が上がらなかった。想定よりも市場が小さかったり、競合との競争で販売単価を下げざるをえなかったりと、理由は様々。

この課題にはこの本！

『ゼロ・トゥ・ワン』
ピーター・ティール、
ブレイク・マスターズ／ NHK 出版

この本から学ぶポイント**3**つ

01 独占が重要

02 独占はニッチ市場から
始めよう

03 ディスラプト（破壊的）
モデルなどと言わずに
秘密裏に進めよう

ドットコムバブルの崩壊からの間違った学び

　アメリカの起業家たちはドットコムバブルが弾けた後に次の４つを学びました。①少しずつ段階的に前進すること。②無駄なく柔軟であること。③ライバルのものを改良すること。④販売でなくプロダクトに集中すること。

　なるほど。これなら着実に成功する可能性が高まり、しかも大外しはしないかもしれません。しかし、その一方で大成功もしなさそうです。アメリカでも、大半のスタートアップが数年で廃業しています。ましてや他社と同じことをやっていては、大成功は難しいはずです。

　そこで著者のティールは言います。

「1 小さな違いを追いかけるより大胆に賭けた方がいい

　2 出来の悪い計画でも、ないよりはいい

　3 競争の激しい市場では収益が消失する

　4 販売はプロダクトと同じくらい大切だ」（p.41）

　競争が少ない市場で、大胆な商品を生み出し、積極的に販売する。こちらの方が圧倒的にマージンを取ることができます。そして、得たマージンを投資に回し、商品、販売を強化することができます。それを実現する優秀な人材を採用することも可能になります。当然、こちらの方が大成功の可能性がありますよね。これを肝に銘じるべきです。

スタートアップが回答すべき「7つの質問」

　ティールは、スタートアップが回答すべき7つの質問を挙げています。それは、**①エンジニアリング（テクノロジー）、②タイミング、③独占、④人材、⑤販売、⑥永続性、⑦隠れた真実**です。ティールと同じく PayPal 出身のイーロン・マスクが立ち上げたテスラは、「七つの質問のすべてに答えた企業でもある」（p.220）そうです。

　私も、15年前の話になりますが、仲間と一緒に立ち上げたスーモカウンターのスタート時を想定して回答してみました。スーモカウンターは、新築マンションを探している、または注文住宅を建てたい顧客と企業をマッチングするサービスです。そのマッチングにはアドバイザーという専門家が関与します。ビジネスを成功させるには大量に店舗を出店し、各店舗でマッチング精度を高めることができるアドバイザーを大量に採用、育成することが必要でした。

　①テクノロジー：アドバイザーが実施していた企業と顧客のマッチングを（当時としては画期的な）AIが支援しました。これにより、新しいアドバイザーの育成期間の短縮とマッチング精度の向上を同時に実現できました。また、テレビ会議、イントラネットなどを活用し、ナレッジマネジメントを促進していました。これらもマッチング精度向上に寄与しました。

　②タイミング：そもそも収益が出にくい成功報酬モデルであったため他社が参入してきませんでした。積極的なPRも

自粛し、秘密裏に事業を拡大しました。その結果、最初に他社が参入したのは3年後でした。

③独占：マッチングがうまくいかないと収益が出ない成功報酬モデルであったこともあり、AI、ナレッジマネジメントなどによりビジネスモデルを磨き、顧客からの信頼を高めました。また、他社の市場参入タイミングが遅れたこともあり、初期市場を独占できました。

④人材：ミンツバーグ教授が唱える Art（直観）、Science（論理、数字）、Craft（経験）（4-4参照）を意識して経営ボードを作りました。特に、私には住宅事業の Craft がなかったため、ここに強い人材に協力してもらいました。メンバーにはホスピタリティが高い人材を採用することで、顧客満足度を高めると同時にマネジメントコストの低減にも成功しました。

⑤販売：利用者は無料で利用。従量課金の企業に対してもシンプルで例外なしの料金体系にすることで、営業交渉を極少化し、営業難易度の低減に成功しました。

⑥永続性：無印良品の MUJIGRAM などと同様、毎月更新し続けるマニュアル（完成しないマニュアル）などを整備し、事業・サービスの永続的な進化を志向すると同時に、参入してくる他社との差異を作り、かつその差異を広げ続けました。

⑦隠れた真実：普通に考えると収益が出ませんが、KPI マネジメントを駆使することで収益が出る状態にしました。その中身は模倣が極めて困難なものでした。

成功する新規事業

1 小さな違いを追いかけるより大胆に賭けた方がいい
2 出来の悪い計画でも、ないよりはいい
3 競争の激しい市場では収益が消失する
4 販売はプロダクトと同じくらい大切だ

（『ゼロ・トゥ・ワン』p.41）

失敗する新規事業

1 少しずつ段階的に前進すること
2 無駄なく柔軟であること
3 ライバルのものを改良すること
4 販売ではなくプロダクトに集中すること

（『ゼロ・トゥ・ワン』p.40 ～ 41）

☑ 中 尾 の ま と め

　新規事業で成功するのはわずかです。同業他社と同じことをしていては大成功を実現できません。それは大企業の既存事業の進め方です。7つの質問に回答できるようにしましょう。

商品企画のレベルが リーダーにより左右されます。 標準化する方法は ないでしょうか?

色々な意見が出て、リーダーがそれらに配慮した結果、凡庸なアイデアになってしまうことが少なくない。どうすれば、リーダーの力量によらず、レベルの高い商品企画ができるのか。

この課題にはこの本!

『ピクサー流 創造するちから』
エド・キャットムル、
エイミー・ワラス/ダイヤモンド社

この本から学ぶポイント **3**つ

01 ブレイントラストを 導入しよう

02 専門家を集めて、序列に 関係なく意見を言おう

03 最終的には プロジェクトリーダーが 決定しよう

「茶坊主」をなくそう

　この本の著者は、ピクサーの共同創設者で、ピクサーとディズニー・アニメーション・スタジオの2社の社長を務めたエド・キャットムルです。彼がディズニー・アニメーションをマネジメントするようになった際に最初にしたのは、管理をするスタッフの組織をなくすことでした。大企業には必ずと言って良いほど、CFO直下で事業のコスト管理を行う組織がありますよね。それを全廃したのです。英断です。クリエイティブと管理は相性が良くないからです。

　クリエイティブ組織を管理してはいけないということではありません。私は、責任も負わずに現場を管理している人のことを「茶坊主」と呼んでいます。権力者におもねり、その威を借りて威張る人です。**コスト管理を振りかざして、クリエイティブな人材のやる気を削ぐ人たちから権力を削ぐのは、重要**だと思うのです。

　特に映画のように投資対効果の振れ幅が大きい商品企画は、コスト管理も重要ですが、それ以上に、費用対効果を高める方法論を磨くことの方が重要です。

真剣勝負の会議をしよう

　リクルート時代に担当していたスーモカウンターでは、次々に新店を出店します。出店候補地が決まると、出店責任者を決定します。それから、具体的な事業計画を立案し、出

店場所を決定し、詳細な事業戦略資料を作成し、同時に採用計画、集客計画も立案して、それらを並行して実行します。

　出店までの期間を短縮できればできるほど、柔軟な事業変更ができ、コストも削減できます。期間短縮を実現するには、集客、採用、育成の短縮化が必要です。しかも、それをどの出店責任者でも実行できるようにしないといけません。人材育成と標準化を同時に実現する必要があったのです。

　そのために、出店責任者と毎週、「新規出店会議」を実施しました。出店まで、各週、何について承認を得なければいけないかは標準化されていて、新規出店会議には様々な状況の出店責任者が参加します。先行して集客計画や採用計画の起案をしている出店責任者がプレゼンテーションをして、事業責任者である私、あるいは既にその計画について承認を得た出店責任者とフラットで率直なやりとりを行っているのを見て、他の出店責任者は様々な気付きを得られます。

　そして、出店責任者は、出店した1か月後に、振り返りを行います。ポイントは、標準化している出店計画マニュアルの更新です。つまり、より高いレベルのマニュアルを作るのです。

ピクサーの「ブレイントラスト」

　ピクサーのブレイントラストには、私たちが実施していた新規出店会議と似ているところがたくさんあります。ただし、私たちが新規出店という、ある意味、定型業務をしてい

たのと比較すると、ピクサーのブレイントラストの対象は映画という非定型業務なので、安定的に成果を出し続ける難易度はさらに高いはずです。

　それでは、具体的なブレイントラストの進め方について見てみましょう。映画の粗筋が決まった段階から何度も、監督が他の監督経験者で「ストーリーテリングに深い造詣を持つ人ばかり」(p.133)を集めて説明をします。その説明に対して、参加者が意見を交換します。ただし、通常のフィードバック会議と異なるポイントがあります。1つ目は**映画づくりの経験者だけが参加する**ことです。いわゆる背広組は参加しません。余談ですが、低迷していたころのディズニーでは背広組の管理職が意見を述べ、指示を出していました。2つ目は、**序列がない**ことです。そして、個人の能力などに対して話すのではなく、粗筋という映画の「種」に対して意見を述べます。そして、3つ目は、問題などの意見は伝え、場合によっては解決策のアイデアも伝えるのですが、**最終的な判断は監督がする**のです。

　ピクサーはもともとソフトウエアを使って映画を作る会社ですが、アナログな対面の会議を重視して、映画を生み出しているようです。このような率直で前向きな会議を実施し続けられるのが、ヒットを出し続けられるポイントのようです。ちなみにピクサーをM&Aしたスティーブ・ジョブズでさえ、この会議には参加しなかったそうです。彼がいると他のメンバーは発言できないからです。

ブレイントラスト

❶粗筋段階から何度も実施
❷専門家だけが参加
❸序列なしに率直な意見交換
❹最終判断は監督

失敗するフィードバック

❶ほぼできあがった状態で実施
❷無関係な背広組も参加
❸上司が素人でも、その意見を尊重
❹上司の意見を忖度して判断

☑ 中 尾 の ま と め

　プロジェクトの早期（ピクサーの
ブレイントラストでは粗筋段階）か
ら何度も、プロジェクトチーム以外
の「専門家」の率直な意見を聞いて、
プロジェクトのレベルを向上させる
ことが大事です。

5_6 低コストで新規事業を立ち上げる方法

アイデアをもとに
プロトタイプを作るのですが、
プロトタイプがどんどん製品版に
近付いてきて、コストが
かさんでいます。

新規事業のコンセプトができると、顧客の意見をもらうためにプロトタイプを開発するというフローになっている。しかし、プロトタイプを作るコストがかさむようになった。

この課題にはこの本！

『**Amazon Mechanism**』
谷 敏行／日経 BP

flierに要約があります
（右の2次元バーコードを読み込んでください）

この本から学ぶポイント **3**つ

01 プレスリリース駆動開発
（PR／FAQ）

02 パワポ禁止の本当の理由
（第1章-2）

03 リスクは
ツーウェイ・ドアと
ワンウェイ・ドアに
分けて管理（第1章-4）

Dropbox が創業時に作った「プロトタイプ」

　Dropbox の創業メンバーは、そのアイデアを考えた時、資金がなくてプロトタイプを開発できませんでした。そこで、プレゼンテーションソフトのアニメーション機能を活用して、ユーザーにアプリを利用しているようなデモンストレーションを見せることにしました。その結果、ユーザーの大半が Dropbox を利用したいと言い、この UX（ユーザーエクスペリエンス）をベースに開発すれば良いことがわかりました。この事実をもとに、投資を得て資金調達を行い、製品を開発したのです。

　ところが、今は何でもまず開発しようとする傾向があります。

アマゾンが商品開発の前に必ずやっていること

　アマゾンでは、商品開発をする前に、その商品のリリース文（広報文）を作成します。もちろん、その広報文をそのまま社外にリリースするわけではありません。そのリリース文を読んで、利用したくなる商品・サービスであれば開発し、そうでなければ再考・中止をするというのです。

　ちなみに「広告」ではなく「広報文」というのがポイントです。広告は、極端な話、お金を払えばメディアに掲載してもらえます。しかし、広報文は、中身に見るべきものがなければ取り上げてもらえません。中身勝負です。しかも書く項目が決まっています。

この本では紹介されていませんが、広報文を書くには、以下の10個の内容が必要です。①キャッチコピー、②リードコピー、③サマリ、④顧客の課題、⑤顧客の課題の解決策、⑥商品開発者の声、⑦利用開始の仕方、⑧顧客の声、⑨まとめ、⑩顧客にしてほしい次のアクション。

広報文を書こうとするとProduct（商品）だけでは書けないことに気付くはずです。解決したい顧客の課題も考えなければ書けません。顧客の課題をどう解決するかを考え始めると、Price（価格）について言及しないわけにはいきません。さらに、顧客にしてほしい次のアクションを考えるには、顧客が商品を手に入れるためのPlace（流通チャネル）についても書かなければいけません。

従来の4P（Product、Price、Place、Promotion〈販売促進〉）分析では最後に行っていた「Promotion」を最初にすることには、2つのメリットがあります。1つは、**無駄な開発をしなくて良くなる**こと。広報文で「売れる」という見込みが持てなければProductは作られないので、リスクを減らせるというメリットがあります。もう1つは、広報文には顧客の課題と解決の仕方が載っているので、**優秀なエンジニアに広報文を渡せば、テクノロジーを使って様々な解決策を考えてくれる**ことです。彼らに細かい仕様を伝えるのではなく、任せることができれば、優秀なエンジニアのモチベーションを高く保つことにも繋がります。

リクルートが商品販売の前に必ずやっていること

次に紹介するのはリクルートの事例です。これは、**Place を事前にシミュレーションしておくことの大切さ**を考えるうえで参考になります。

リクルートは、法人向けに強い営業組織を持っています。ですから商品開発の担当者たちは、その営業組織を活用すれば開発した商品が容易に販売できると思いがちですが、実際にはそううまくはいかないケースも散見されます。それは、なぜか。営業の立場から考えるとわかりやすいでしょう。

営業チームが商品A、B、Cを売っているところに、新たに開発したDも販売することになったとします。営業担当にとって、A、B、Cは既に販売実績がある商品ですが、Dにはまだ何の実績もありません。そうすると、Dの販売に拍車がかからず、売上が一向に上がらないのです。

では、どうすれば良いのでしょうか？　極論すれば、その商品だけの専属営業部隊を作れば良いのです。そのためには、どうやって営業組織を調達するのか、どうやって彼らを育成するのかが課題になります。

専属部隊を作らずに、既存営業組織に併売してもらう場合に考慮すべきは、いかに彼らが売りやすい状況を作るか、いかに手離れの良い状態を作るか、といったことでしょう。あるいは、新商品を売ることで顧客や営業担当にどんなメリットがあるかを考え、うまく伝えることがポイントになります。

アマゾンの広報文の項目

❶キャッチコピー　　❻商品開発者の声
❷リードコピー　　　❼利用開始の仕方
❸サマリ　　　　　　❽顧客の声
❹顧客の課題　　　　❾まとめ
❺顧客の課題の　　　❿顧客にしてほしい
　解決策　　　　　　　次のアクション

☑ 中 尾 の ま と め

　アマゾンでは、広報文がOKであれば、次のステップである開発に進みます。だから「プレスリリース駆動開発」と呼んでいます。FAQ（想定質問と回答集）も作ると、さらに商品化の精度が高まります。

※本項は下記の記事に加筆・修正をしたものです。

中尾隆一郎「アマゾン、リクルートに学ぶマーケティングの『新4P』。
商品開発で真っ先に着手すべきこととは？」
Business Insider Japan、2021年3月5日
https://www.businessinsider.jp/post-230629

> サブスクビジネスを
> していますが、販促費をかけて
> 集客しても、短期で離脱して
> しまいます……

多くの販促費をかけて毎月大量の顧客を獲得するが、キャンペーン期間や無料期間が過ぎると解約されてしまう。解約しようとする顧客を説得しても継続率が高まらない。

この課題にはこの本！

『売上の8割を占める
優良顧客を逃さない方法』

大坂祐希枝／
ダイヤモンド社

flierに要約があります
（右の2次元バーコードを読み込んでください）

この本から学ぶポイント 3つ

01 解約を止める方が
新規顧客獲得よりも効率的

02 利用率を高めることが
解約を止める王道

03 クロス利用が
利用率を高める王道

解約を止める方が新規顧客獲得より効率的

　解約を止める方が新規顧客獲得よりも収益にインパクトがあります。そんなに難しい話ではありません。
「2007年度のWOWOWの月間平均解約数は約4万6千件（年間解約数約55万5千件の1/12）。視聴料は月額2300円（税別）ですから、この4万6千人の視聴期間が1ヵ月延びるだけでも1億円以上の収入増になるはずです」（p.46）。4万6,000人×2,300円＝1億580万円という計算です。「それに対して、月間平均解約数と同じ約4万6千人を新たに獲得しようとしたら、宣伝費や販促費は1億円では足りません」（同）。

　しかし、同社では大量の販促費を投入し、新規顧客の獲得を継続していました。これは同社に限りません。サブスクモデル（月額固定料金）による売上を計上するモデルでは、解約が増えると、顧客数を増やすために新規集客に注力しがちです。

バケツの穴を小さくできれば収益が大幅に改善する

「現在の顧客数＝前月の顧客数＋前月の新規入会者数－前月の退会者数」です。

　現在の顧客数をバケツの中に入っている水の量だと思ってください。そして、蛇口から前月の新規入会者がバケツの中に入っていき、バケツに空いた穴から前月の退会者が抜けて

いくと考えてください。バケツの中の水（＝顧客数）を増やすには、どうしたら良いでしょうか。

　方法は3つあります。①バケツの穴を小さくする（退会者を減らす≒利用者の満足度を高める）、②蛇口からの水のうちバケツに入る割合を増やす（集客の歩留まりを高める≒簡単に入会できるようにする、UIの改善など）、③蛇口からの水の量を増やす（集客を行う≒コストをかける）、です。サブスクモデルの場合、顧客数を増やすには、この順番、つまり**①退会者を減らし→②入会の歩留まりを向上させ→③集客にコストをかける、の順番が重要**です。

　退会者を減らすには、退会を申し出た人を慰留したり、月会費だと毎月退会の可能性があるので年会費にしたりすれば良いと考えるかもしれません。

　慰留は、もしできるのであれば良いのですが、かなり難しいです。1～2割慰留できたら儲けものでしょう。年会費にするのは問題の先送りです。では、どうしたら良いのか。**顧客満足度を高めれば良い**のです。当たり前ですね。顧客満足度調査をしたり、NPS（ネットプロモータースコア、顧客のロイヤルティの指標）を測定している事業も多いと思いますが、これらで実態はわかりません。**本当の顧客満足度は、期間内の利用頻度でわかるのです。**

　グーグルには「歯ブラシルール」というものがあって、新サービスのうち、DAU（毎日使っているユーザー）が多いサービスに注力しています。歯ブラシのような頻度で使われてい

るのはユーザーから支持されている証拠なので、大化けする可能性が高いのです。

　つまり、自社サービスの利用頻度を高めれば、退会者は減るのです。**利用頻度を高めるためには、複数のサービスやチャネルを活用してもらうのが定番**です。

　退会者数が減ると、新規入会者数が少なくても良いので販促費用を削減でき、利益増に大きく寄与します。

利用頻度を高められないのは「待てない」から

　バケツの穴を小さくすることは、収益にもインパクトが大きく、顧客満足度も高まり、良いことだらけです。ところが、これができない企業が多い。なぜでしょうか。施策の効果が出るまでに時間がかかるからです。

　例えば、新規顧客に対して利用頻度を高めるための施策を実施しました。この新規顧客の解約率が低いという結果が目に見えるのはいつでしょうか？　それは、利用期間が平均10か月だとすると、10か月後です。**今やっている施策の効果が見えるのが今ではないのです。**一方で、集客施策の効果はすぐに目に見えます。

　一般的な組織は、すぐに成果が出るタスクは実行できるのですが、たとえ本質的であったとしても、効果が出ないとやり続けられません。逆に言うと、**効果がすぐに見えないけれど本質的なタスクを実行し続けられる組織は、卓越した組織である**と言うことができます。

利用頻度向上に集中

利用頻度が高い≒顧客満足度が高い。
これを全社、全メンバーで意識して、
利用頻度向上に努めよう

新規顧客開拓に集中

集めやすい新規顧客に大量のコストを
投資しても、短期で解約されてしまう。
関係者も疲弊し、悪循環を生む

☑ 中尾のまとめ

　解約率を低減させるには、利用頻
度を高めることです。
　顧客に解約理由を聞いても、自分
が口にしやすく、企業が質問を返し
にくい理由を言うことが多いので
す。サブスクモデルは利用頻度を高
めることにフォーカスしましょう。

5_8 イノベーションを継続的に起こし続ける方法

> 新サービスを開発しても、
> 単発で終わってしまい、
> 継続的に開発することが
> できません……

新サービスを開発しても、いわゆる「プロダクトライフサイクル」通り、しばらくすると成長率が鈍化し、踊り場が来て、その後、衰退してしまう。継続的に新サービスを開発するには、どうすれば良いのか……

この課題にはこの本！

『ワイズカンパニー』

野中郁次郎、竹内弘高／
東洋経済新報社

flierに要約があります
（右の2次元バーコードを読み込んでください）

この本から学ぶポイント 3つ

01 SECIモデル

02 理論に加えて
「実践知」が重要

03 「共通善」と「いま・ここ」

私たちが実践していた継続的なイノベーション創出活動

　イノベーションは一部の人が起こすのか、全従業員が起こすのか。私が担当していたスーモカウンターでは後者を志向しました。そのために、メンバーに次のように伝えました。「カウンタービジネス推進室（当時の部署名です）のメンバーには、全員、来期4月から一律10％のイノベーション（業務改善）ミッションを持っていただきます。これは、ミッションシート（目標管理シート）の10％のウエイトを、イノベーション（業務改善）を考案して、実践することに置いて欲しいということです。イノベーションと言うと、難しい、あるいは大袈裟なことと思うかもしれませんが、皆さんが日々実行しているアイデアや工夫のことです。

　アイデアコンテスト（毎月メンバーからアイデアを集めていました）などでもわかりましたが、私たちは様々なイノベーションの種を持っています。組織としてもコンテストなどを定期的に行いますが、1人1人にも定期的・日常的に自組織、自分の業務を見直す習慣をつけていただきたい。そして、それをきちんと評価します。

　アイデアコンテストでは、従来通り、入選1万円、オプション5,000円、参加1,000円のインセンティブを支給します。また、関連して必要な書籍などを購入することもあると思いますので、その費用を半期5,000円／人を目安に予算化しました。それ以上必要な場合は別途GMと相談してく

ださい」

　たったこれだけの施策で、メンバー 360 名の組織から毎月 500 個、年間 6,000 個のアイデアが出てくるようになりました。もちろんアイデアは玉石混交。しかし、私は「砂場の山理論」と言っているのですが、**素晴らしいイノベーションの種は多くのアイデアを出すことでしか生まれてきません。**

SECI モデル実践企業・エーザイ

　この本では、個人の暗黙知を組織の形式知にし、それらを組み合わせてイノベーションを生み出す「SECI モデル」について解説されています。①「共同化」(Socialization：体を使っての共同体験、共感、対話) により個人の暗黙知を組織の暗黙知にし、次に②「表出化」(Externalization) により形式知化して、③「連結化」(Combination) によって形式知を組み合わせて新たな知識を作り出し、それを個人が④「内面化」(Internalization) することで個人の暗黙知になるというものです。

　これを実践している企業の代表格がエーザイです。同社でSECI モデルを推進している知創部の方に話を伺ったことがありますが、このモデルを日常業務で実践 (まさに「実践知」) しているのが同社の凄いところです。

　同社では 1 万人の従業員 1 人 1 人がライフパーパスを持つところから始めました。そして、顧客を定義し直しました。一般的な製薬メーカーでは、顧客は薬を使ってくれる病院で

あり医師です。しかし同社は、顧客は患者であり、医師はパートナーであると再定義したのです。これに合わせて定款も変更しました。第2条に「本会社は、患者様と生活者の皆様の喜怒哀楽を第一義に考え、そのベネフィット向上に貢献することを企業理念と定め、この企業理念のもとヒューマン・ヘルスケア（hhc）企業をめざす」と掲げたのです。

SECIモデルの最初の「共同化」のため、同社では世界中の1万人の従業員が、1年間の労働時間の1％、つまり2.5日を患者とその家族とともに過ごします。貧困な地域では、必要であっても薬を購入できません。そこで、最貧困層には0円で販売します。寄附ではなく、0円で販売するのは、ビジネスだからやめないという意思表明です。

そもそも、顧客である患者は、病気を治したいということ以前に、病気になりたくありません。健康でいたいのです。それが顧客の本質的なニーズです。同社はそれに取り組んでいます。製薬メーカーが、薬が不要な世界を作ろうとしているのです。

イノベーションを生み出すためには「暇」が重要

トヨタグループの責任者にイノベーションを生み出すポイントを伺ったことがあります。「暇であること。これに尽きる」とおっしゃいました。忙しく日常業務に振り回されているだけでは、新しいアイデアは生み出されないのです。定期的に考える時間を作るようにしましょう。

SECIモデル

「共同化」
Socialization

休を使っての共同体験、共感、対話

↓

「表出化」
Externalization

↓

「連結化」
Combination

ナラティブ（物語る）

↓

「内面化」
Internalization

これを現場が継続的に実践し続けることで、
新たな知識体系が作り出され続ける

☑ 中 尾 の ま と め

　SECIモデルを実践するには、全
従業員を巻き込み、エーザイのよう
に顧客との「共同化」をすることが
重要です。

　そして、ぜひ、遊びの暇な時間を
作ることも検討してみてください。

第 **6** 章

事業運営の
課題を解決する 9 冊

6_1　どの商品を売れば良いのか

> 分析をしてみると、
> 売れば売るほど赤字になる
> 商品がありました。同じ過ちを
> 繰り返さないためには、どうすれば
> 良いでしょうか？

チャーン（離脱顧客）
分析や商品別、顧客別の収益を分析したところ、付き合
えば付き合うほど赤字になる顧客や、売れば売るほど赤
字の商品があることがわかった。付き合うべき顧客に、
きちんと収益が出る商品を販売しないといけない。

この課題にはこの本！

『**売上最小化、
利益最大化の法則**』
木下勝寿／ダイヤモンド社

flierに要約があります
（右の2次元バーコードを読み込んでください）

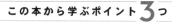

この本から学ぶポイント**3**つ

01 売上最大化ではなく
利益最大化を目指すことの
メリットと実践方法

02 具体的な商品別PL
（損益計算書）の作成の仕方

03 商品別PLからの
課題の抽出と改善の仕方

利益を追いかける重要性はわかっていても……

「売上が増えると利益が増える」。これは正しいでしょうか？　正しい場合もあれば、そうでないケースもあるというのが正解です。

「売上が増えると利益が減る」のは、どのようなケースでしょうか？　例えば、売れば売るほど利益が減っていく赤字の商品を販売するケースです。では、黒字の商品を売れば必ず利益が増えるのか？　そうならないケースもあります。例えば、値引きをする、あるいは何らかのサービスをすれば、赤字になるケースがあります。当然ですよね。しかし、この**当然やってはいけない売上増を実行する人がたくさんいます。**

　ある会社の役員と話をしている際のことです。「当社は利益を増やしたい」という話をされました。そこで、「この商品は赤字なので売るのをやめましょう。どうしても販売するのであれば、利益が出るように販売価格を高くしましょう」とアドバイスしました。ところがその役員は、「値上げは顧客が受け入れてくれない」「この商品の販売をやめると売上が減るので、それもできない」と言うのです。

　その会社では、営業の評価は売上額だけでした。現場は、値引きして利益が減ったとしても、売上を上げたいのです。役員だけは利益目標を持っているのですが、売上目標も持っていました。赤字になろうと、売上目標も達成しないといけなかったのです。

共通費を適切に配賦すると改善点が見えてくる

　この本で学べるのは**「商品別5段階利益」**です。5段階利益とは、売上から原価を引いた①粗利。粗利から注文連動費を引いた②純粗利。純粗利から販促費を引いた③販促利益。販促利益からABCを引いた④ABC利益。ABCはActivity Based Costingのことで、人件費を実際の活動に合わせて割り振ることです。ABC利益から運営費を引いたものが⑤営業利益です。

　私はリクルートグループで管理会計の再構築をするプロジェクトのプロジェクトマネジャーをした経験があります。**管理会計は、突き詰めれば共通費の配賦（割り振り）が最も重要**で、それをどうするかがポイントです。共通費の代表的なものが人件費や販促費です。この配賦を精緻にやりすぎると運用が大変になります。しかし、粗くしすぎると実態に合わなくなり、数字に意味がなくなります。

　この本に書かれている方法は、この配賦のルールが良い塩梅なのです。運用は比較的簡単だけれど、おおよそ正しく利益が見られます。

　上述の**5つの利益を商品ごとに比較すると、注文連動費、販促費、人件費、運営費を比較でき、どこに問題があるのかが簡単にわかります**。商品の改善場所が特定でき、利益率の低い商品を改善できるのです。改善できないなら、販売をやめる判断もできます。

　このわかりやすいシンプルな運営で、著者が経営する会社は 100 億円の売上で 29 億円という高い営業利益を出しました。しかも、人件費を削減しているわけではなく、人件費はとても高いのです。

顧客別PLで「付き合うべきでない顧客」がわかる

　私はリクルートグループの子会社 2 社で ABM（Account Based Management）をしていたことがあります。ABM は、前述の ABC を活用してマネジメントをすることです。そのうちの 1 社では、商品別 PL に加えて、顧客別 PL も作成しました。**顧客別 PL を比較すると、売上は大きいが利益が出ていない顧客群が見える化できます**。その原因を分析すると、大きな値引きをしていたり、無料のサービスに関係者が大きな稼働をしていることが主な原因であることがわかりました。であれば、解決策はシンプルです。これらの顧客には値上げをするか、かける工数を減らすか、取引をやめるかです。それを実行したところ、利益が大幅に向上しました。

　商品も同じです。特定の事業部の商品群が赤字でした。理由は、メンバーの実際の稼働に見合った課金ができていないことでした。最終的には、この事業部を別法人として切り出しました。法人全体で赤字であれば配賦の問題だと言い訳できないからです。責任者は真摯に受け止めてくれ、解決策を実行することで、きちんと黒字転換しました。

この本で学べる
「商品別5段階利益」

❶粗　　　利：売上−原価

❷純　粗　利：①−注文連動費

❸販 促 利 益：②−販促費

❹ABC利益：③− ABC

❺営 業 利 益：④−運営費

ABC：Activity Based Costing ＝
実際の活動に合わせて割り振った人件費

> ☑ 中 尾 の ま と め
>
> 　管理会計とは、経営者が事業戦略を
> 推進するために、会社や組織をどのよ
> うに分割して「見える化」するのかと
> いうことです。適切に分割する（例え
> ば商品別、顧客別）と問題点が見えや
> すく、改善も容易になります。

62 数字が苦手な人への対応

> メンバーに数字が
> 得意になって欲しいが、
> 数字で話をすると
> 嫌な顔をするメンバーが多く、
> 困っています。

管理職でも数字が苦手な人がいる。そして、二言目には、「数字で表現できないものもあります」と言う。先が思いやられる。

この課題にはこの本！

『「**数字で考える**」
は武器になる』
中尾隆一郎／かんき出版

flierに要約があります
（右の2次元バーコードを読み込んでください）

この本から学ぶポイント **3**つ

01 数字の力は
四則演算（＋−×÷）
だけで高められる

02 数字は、
単独で見るよりも、
比較するとわかりやすい

03 数字をグラフや絵にすると
わかりやすい

世の中には2種類の馬鹿がいる

「世の中には2種類の馬鹿がいる」。私の大学時代の恩師の言葉です。「**数字で何でもわかると思っている馬鹿。そして、数字では何もわからないと思っている馬鹿。どちらの馬鹿にもなってはいけない**」。当時、理系の学生だったからか、「何でも数字でわかると思っている馬鹿」になりかけていた私に対する戒めでした。

どうすればどちらの馬鹿にもならないのでしょうか。それには、**定量（数字）と定性をミックスする**ことです。数字で全体像を掴み、定性情報を加えて確認すれば良いのです。大学時代の恩師のおかげで学んだ「2つの馬鹿になってはいけない」という戒めは常に意識しています。

数字の「使われ方」がトラウマを生んでいる

私が29年間働いたリクルートには数字が好き、あるいは得意な人が多かったように思います。しかし、それでも数字が苦手だったり、トラウマを感じている人も少なくありませんでした。そのトラウマのせいで、数字に対してアレルギーを持っているのです。

そのトラウマを紐解くと、大半は、数字自体が悪いのではなくて、数字を使って嫌なコミュニケーションをされたことが原因でした。例えば、学生時代にテスト結果のランキングを教室に貼り出されて辱めを受けたり。私も営業時代に部日

報にランキングが掲載され、低い時には嫌な気分になったのを覚えています。

しかし、同じランキングや数値評価でも、大学受験の偏差値や健康診断での内臓や血液などに関する評価数値はどうでしょう。もちろん、悪い結果だった場合は気が滅入ります。しかし、その結果をもとに対策を考えて、改善させることもできます。そして、結果が出たら、モチベーションが高まります。ウォーキングゲームのランクやマラソンのタイムなども、数字が出ることでもっと頑張ろうと思うでしょう。そうなのです。**数字が悪いのではなく、使い方を間違えると嫌な気分になる**のです。

私も、自分が組織の責任者の時は、各項目のトップ成績のメンバーだけを共有しました。かつて自分が営業時代に全メンバーのランキングを出されて嫌な気分になったことからの学びです。**ランキングが悪い時に、「悔しいから頑張ろう」などと思ったことはほとんどありませんでした**。単純に辱めを受けて組織のことが嫌いになったのです。

トップを示すと、若手や初心者メンバーが、身近な先輩ではなく、トップ成績の人からノウハウを学ぶこともできます。トップ成績のメンバーにも学ぶ側のメンバーにもメリットがある数字の使い方の一例だと思います。

数字を使う前のシナリオ作りがすべて

他にも有効な数字の使い方の例はたくさんあります。一例

を紹介しましょう。前述したように定量と定性の両方を使った事例です。大事なのは数字を使う前のシナリオ（仮説）作りです。

　私は、多くのメンバーや拠点を担当するリーダーだった時、定期的にメンバーや拠点と面談をする必要がありました。しかし、担当メンバー数や拠点数が多くなると、すべてのメンバーや拠点と面談することはできません。

　そこで、「変化が起きていれば、そこには理由があるはずだ」という仮説を立てました。

　変化は数字で把握できます。定期的にメンバーの数字を見続けると、普通の成績のメンバーが急に良くなったり、逆に悪くなったり、あるいは高業績者が悪くなったり、低業績者が急に良くなったりすることがあります。これが変化です。

　そのメンバーが属している拠点にも同様の傾向があるとすれば、それは、その拠点の責任者が原因です。そうでなければ、個人が原因だということがわかります。

　私はこれに加えて、各拠点で毎週行われる拠点会のアジェンダと資料を共有してもらっていました。変化のあった拠点のアジェンダと資料を読むと、変化と因果関係がありそうな話をピックアップできることがあります。**定性情報によって、数字の変化の原因が想像でき、仮説の精度が高まる**のです。その仮説を持って拠点を訪問して、仮説検証を行いました。

　そして、横展開することで他拠点でも業績が高まる可能性がある施策があれば、それを拠点長会議で共有していました。

数字を武器にする5つのポイント

❶四則演算：
　算数の知識だけで数字を活用できる

❷シナリオ（仮説）：
　分析（作業）を始める前に、ゴールから逆算する

❸定性情報：
　数字（定量情報）に過去の経験や知識を加える

❹比較：
　比較対象を見つける

❺ビジュアル化：
　グラフや絵を使う

☑ 中尾のまとめ

　数字が苦手な人はびっくりするくらい多くいます。しかし、重要なのは、数字を使う前のシナリオ作りです。ここに数字は関係ありません。

　また、実際に数字を使う時でも、四則演算だけで多くのことができます。

KPIマネジメントを
しているのですが、
全体最適な判断に繋がって
いません……

従来のKKD（経験と勘と度胸）ではなく、数字を
見ながら議論ができるようになったのは大進歩。
しかし、それぞれの組織が別々のKPIを追いかけ
ている結果、部分最適な判断が横行している。

この課題にはこの本！

『**最高の結果を出す**
KPIマネジメント』

中尾隆一郎／
フォレスト出版

flierに要約があります
（右の2次元バーコードを読み込んでください）

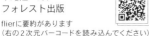

この本から学ぶポイント**3**つ

01 KPIは信号

02 KPIは1つだけ

03 KPIマネジメントは
組織を全体最適にする方法

KPIマネジメントは活用範囲が広い手法

　私は、1-7で述べたように、ちょうどリクルートが外部コンサルに委託してKPIマネジメント（当時は「コックピット経営」と呼んでいました）を導入する際に、自事業のKPIの話をし、それが評価されました。

　私のKPIマネジメントは、一般的な数値管理とは一線を画するもので、制約条件理論に基づいています。**戦略とは絞ることだ**と、ポーター、ドラッカー、ジョブズなど、名だたる経営学者や経営者が言っています。その具体的な方法論が制約条件理論です。

　私は、リクルートグループの社内大学で11年間、「KPIマネジメント」の講師をしました。そこで教えていたKPIマネジメントのノウハウを活用して、4-5でも述べたように、新規事業を6年間で売上30倍、店舗数12倍、従業員数5倍にしました。その後、リクルートグループ内はもちろん、リクルート卒業後も様々な企業でKPIマネジメントの導入支援を行いました。極めて活用範囲が広いマネジメント手法であることを実証し続けています。

制約条件理論に基づいたKPIマネジメントとは

　KPIマネジメントの理論的背景は、上述のように制約条件理論です。

　制約条件理論については3-10でも解説しましたが、制約

条件とは、ボトルネック、つまり一番弱いところを指します。

KPIマネジメントの手順は、**①制約条件を見つける→②制約を最大活用する→③制約以外のすべてを制約に従属させる→④制約を強化する→⑤制約が解消したら①に戻り、次の制約を見つける**。これを繰り返します。つまり、ビジネスプロセスの中で最も重要な（最も弱い）ところ（制約）にフォーカスし、それを強化する。そこが十分に強くなったら、次の制約を特定し、順々に強化することで、生産性向上が実現できるのです。

その際のポイントは、②と③です。具体的に説明しましょう。集客→営業→納品というビジネスプロセスの中で、営業が制約である場合を考えましょう。つまり、営業組織が弱いということです。

営業組織が弱いのに、営業以外の業務をさせては、さらに営業に集中できません。そこで、営業組織がやることは営業だけに絞るのが②です。そして、従来営業組織が担っていた、営業以外の仕事を、集客と納品の組織がフォローするのが③です。集客組織は、より営業しやすい顧客を集客する。そして、納品組織は、少しぐらいの営業組織のミスはフォローして、きちんと納品をするように努めるということです。

そして、営業組織が十分強くなったら、次に弱い組織（制約）を特定し、今度は営業組織を含めて、他の組織が制約を支援するのです。

私はよくネックレスに喩えることがあります。ネックレス

を引っ張るとどこが切れるのか？　一番弱い箇所が切れます。それは、ワイヤー部分に傷があったり、細かったりする箇所です。組織で言うと、状態が良くない組織、新しく管理職が就いた組織、あるいは情報が伝わりにくい非正規社員や業務委託社員が多い組織などでしょう。そのような組織を、人事や本部組織もえこひいきして、積極的に支援すれば良いのです。採用も育成も、制約にあたる組織から強化しましょう。

幹部がCSFを議論することに価値がある

　この本だけでKPIマネジメントを実行できる人も多いのですが、共通で引っかかる箇所があることもわかりました。それは、制約を見つけるプロセスです。

　KPIマネジメントでは、制約のことをCSF（Critical Success Factor）、あるいはKFS（Key Factor for Success）などと呼びます。最も重要な成功要因というニュアンスです。これは、**それぞれのビジネスプロセスを担当するリーダーが集まってワークショップをすると簡単に見つけられる**ことが多いです（この進め方は姉妹書の『最高の結果を出すKPI実践ノート』〈フォレスト出版〉で詳しく紹介しています）。

　リーダー同士が、**CSFはどこなのか議論することで、ビジネスの状況をリーダー間ですり合わせることができます**。この議論にこそ価値があります。相互の理解が深まり、部分最適な発想から全体最適な発想に切り替わっていくのです。

本当のKPIマネジメント

最も重要なビジネスプロセス（CSF）
を特定し、全体でそこを守る

↓

全体最適のマネジメント

間違ったKPIマネジメント

たくさんの数字を管理する

↓

**別々の数字を追いかけると、
組織ごとの部分最適な活動になりがち**

☑ 中 尾 の ま と め

　制約条件理論に基づくKPIマネジメントは、「戦略とは絞ることだ」ということを具体的に実行する際に有効です。

　また、部分最適になりがちな組織を全体最適にするのにも最適なマネジメント手法です。

64　KPIマネジメントの実例

KPIを1つに絞って業績を上げている実例が知りたいです。

「KPIを1つにすることが重要だ」と社内で言う
と、「実際にそれをやって急成長した企業はあるの
か？」と、「やらないように誘導する質問」をされた。
何か抵抗勢力を納得させられる情報はないか。

この課題にはこの本！

『**ANKER
爆発的成長を続ける
新時代のメーカー**』
松村太郎／マイナビ出版

この本から学ぶポイント **3**つ

01 KPIマネジメントで
急成長した企業の実例

02 KPIの絞り方

03 CSFの見つけ方

ダメな KPI マネジメントの見分け方

　私は KPI マネジメントの本を出版したり、講演をしたりしている関係で、KPI マネジメントについてアドバイスが欲しいと依頼を受けることがあります。その際には事前に説明資料を送ってもらいます。メールで資料を送ってもらうと、私はメールを開けずに、イケてる KPI マネジメントをしているかどうか判別できます。どこを見ると思いますか？

　それは、添付ファイルの有無とその種類です。

　KPI は事業の状況がわかる信号です。信号だから 1 つです。しかし、**ダメな KPI マネジメントの場合、KPI を 1 つに絞らずに、多数の数字を管理しています。その結果、添付ファイルがエクセルやスプレッドシートになります。**

　理屈上は、エクセルやスプレッドシートを添付していても、正しい KPI マネジメントをしている場合はありえるのですが、今までお目にかかったことはありません。

ANKER が実施した KPI マネジメント

　この本には、ANKER の KPI マネジメントについて書かれています。

　同社は、現在、スマホなどのモバイルバッテリーのトップブランドになっている、中国・深圳発のメーカーです。日本市場で中国メーカーがトップブランドになるのは簡単ではありませんが、彼らはそれを実現し続けているのです。

　どうやったのか。いわゆるD2C（顧客に直接販売する）モデルで、アマゾンでの販売に特化したのです。そして、それぞれのカテゴリーで販売ランキング1位になることをゴールに設定し、そのためにカスタマーレビューの「星の数」をKPIにしました。

　これは、彼らが扱っているモバイルバッテリーの商品特性にもよります。めったに買わない商品で、だからこそ買う時は失敗したくない商品なので、レビューが重要なのです。

　「5件のうち星1つの評価が1件入ったとします。その場合、他の4件の評価が星5つでも、平均値は4.2です。すると、見かけが星4.5に届かなくなってしまうのです。つまり、星1つの評価が1件でもある場合、星5つを4件ではなく、5件獲らなければならなくなります」（p.145）

　アマゾンの「星1つ」をなくすために、顧客対応を行うコールセンターは外注せず内部で保有し、評価が低い顧客の声を丹念に拾い、それを商品に活かしました。ANKERの価格帯は「純正で安心できる100ドルの交換バッテリー」（p.44）と「ノーブランドで信頼性が低い20ドルの交換バッテリー」（同）の間です。コールセンターの対応が良いことで、信頼できるブランドというイメージを顧客に持ってもらえるようになります。

　例えば、初期不良のクレームがコールセンターに入れば、

すぐに代替商品を送ります。顧客の不便を少しでも短くするためです。並行して、その商品を返送してもらい、不具合を徹底的に調査し、製造にフィードバックして、初期不良の再発を防止しました。

アマゾンで評価が高いと、他のECサイトや量販店でも商品を展開できるというメリットもありました。

もちろん、アマゾン以外のチャネルが増えると、相対的にアマゾンの構成比が下がり、他のデータを見たくなります（実際は見ています）。しかし、**データを複雑にするとメンバーの意識が分散します**。シンプルな指標にする方が、全体最適を実現しやすく、メリットが大きいのです。だから、KPIマネジメントとして、アマゾンの星の数にフォーカスするというシンプルな戦略を取り、急成長を実現したのです。まさにKPIマネジメントのお手本となる事例です。

モバイルバッテリーで得た信頼で他の商品も成功

現在、ANKERの商品ラインナップは、40ドルのモバイルバッテリーから、より高価なイヤフォン、数万円のロボット掃除機まで、多岐にわたります。モバイルバッテリーで得たブランドへの信頼がベースにあるので、単価が高い別の製品にも、「信頼できる」というイメージがあるのです。その結果、大きなプロモーションをしなくても、新製品群が拡販できています。素晴らしい正のスパイラルです。

ANKER の KPI は
アマゾンのレビュー

創業初期

・アイテムも少数（モバイルバッテリー）

・アマゾンが主要チャネル

・シンプルでわかりやすい

現在

・アイテムは多数

・アマゾンが主要チャネルだが他チャネルも
　それでも、

・「シンプルでわかりやすい」を重要視

☑ 中尾のまとめ

　ANKER が KPI をアマゾンのレビューに絞ったこと。具体的には、低評価を減らすことに絞ったこと。そして、それを実現するために自社でコールセンターを保有し、最短でクレーム対応するというのは、まさに KPI マネジメントのお手本となる例です。

やることが多くて、
自分も組織も
パンパンになっています！

仕事を減らすために
優先順位を付けようと言っても、「どれも重要な
んです！」と言う人がいて、仕事を減らすことが
できない。もちろん、やった方が良いのはわかる
が、その中で何をやめるのかを決めかねている。

この課題にはこの本！

『イシューからはじめよ』

安宅和人／
英治出版

flierに要約があります
（右の2次元バーコードを読み込んでください）

この本から学ぶポイント 3つ

01 生産性を上げるには、
本当にやるべきこと
（イシュー）に絞ろう

02 イシューは100のうち1つ

03 良いイシューは、
本質的で、深い仮説があり、
答えを出せる

絞ることの重要性はわかっているが……

　ビジネスをうまく進めるには「集中」する、あるいは「絞る」、つまりフォーカスすることが重要です。

　ハーバード大学のマイケル・ポーター教授は、まさにフォーカス戦略の重要性を説いています。また、マネジメントの父と呼ばれているP・F・ドラッカーは、著書『創造する経営者』（ダイヤモンド社）の中で、「成功するには（中略）一つの領域において卓越しなければならない」と述べています。

　アップルのスティーブ・ジョブズは、「ヤフーの上級社員二〇〇人を集めた非公開の集会で、（中略）一年以内に達成すべき事柄は何かと聞かれると、企業の多くは一〇程度の項目を挙げる、と」（ニコラス・カールソン『FAILING FAST』KADOKAWA）語りました。続けて、「それに対して、スマートな企業は一〇の項目が書かれたリストを手に取り、それを三項目か四項目にまで縮小する。『私もそうしました。一枚の紙を手にとって、「もし、自分の会社が次の一年ただ一つのことしかできないとしたら、何をすべきか」と問いました。要するに、ほかのすべては排除するのです』」（同）と、1つに絞ることの重要性を言っています。

　ジョブズがアップルCEOに復帰した際、古巣は、ビジョンもコンセプトも不明確で、いまいちパッとしない商品をいくつも抱える凡庸な会社になっていました。これを見たジョブズは何をしたのか。凡庸な製品群を絞ることをしたので

す。この時ジョブズは、顧客ごとに1つずつ、合計4つの製品に絞りました。一般消費者向けのデスクトップ（iMac）、一般消費者向けのノート（iBook）、プロ向けのデスクトップ（PowerMac）、そしてプロ向けのノート（PowerBook）でした。その後のアップルの大躍進は、皆さんもご存じのことだと思います。

なぜフォーカスすることが重要なのか。いろいろな解釈の仕方があります。私は、**限られたリソース（人、金、時間……）を分散して活用すると結果として投資対効果が低くなる**からだと感じています。投資対効果が低くなるとは、1つは、1か所に十分なリソースがかけられないということ。もう1つは、分散した組織や人同士が協働しなくなること。ひどい時は敵対し出したりすることさえあります。これでは投資対効果が大きく低減してしまいます。

この『イシューからはじめよ』は、100のやるべきことのうち本当にやるべきこと（イシュー）は1つだと言います。そして、イシューをどうやって解決するのか、その具体的な方法論も学べます。

やることを減らすためのTips1「KPTS会議」

イシューの絞り方は『イシューからはじめよ』を読んでいただくのが一番ですが、ここではこの本からではなく、日常的にできるTipsを紹介したいと思います。

　1つめは、KPTS会議を実施することです。

　アジャイル開発ではKPT会議というものを定期的（1〜2週間ごと）に実施します。仕事の内容を見直し、Keep（やり続ける）、Problem（問題なので改善）、Try（新たに始める）を決める会議です。しかし、これでは仕事が増え続けます。そこで、KPTにS（Stop）をくっつけたものがKPTS会議です。**定期的に「やめること」を決める**のです。Sを「掃除」と呼んでいる上場会社もあります。定期的に仕事を見直さないと、仕事は増え続けます。

やることを減らすためのTips2「重要度だけで判断」

　かつて日本のビジネス界で一大ブームになったスティーブン・R・コヴィー博士の『完訳7つの習慣（普及版）』（キングベアー出版／6-9参照）では、「仕事を緊急度の高低と重要度の高低の2軸によって4つに分類しなさい。そして緊急度が低く重要度の高い仕事から優先的にスケジュール帳に書き入れなさい」とアドバイスしています。

　私は、自分自身のスケジュールを考える際には、さらに少し工夫を加えています。私たちはついつい「緊急度」の物差しを強く感じます。そこで、具体的にスケジュールを考える際には**「緊急度」のモノサシを可能な限り無視する**のです。

　私たちは、知らず知らずのうちに、「緊急度」のモノサシで考えることが染み付いています。勇気を持って、「重要度」のモノサシだけで考えることを実践してみてください。

どのくらい絞れば良いのか

　ドラッカーもポーターも「絞ること」の重要性を説いている。私たちもわかっている。

　ジョブズは、10のうち3〜4に絞ると良いとアドバイスしている。しかし、自身は10のうち1つに絞ると言っている。

　『イシューからはじめよ』では、さらに少なく、本当にやるべきことは100のうち1つだと言う。

人生は何かを成し遂げるためにはあまりにも短い。

（『イシューからはじめよ』帯より）

☑ 中尾のまとめ

　生産性を高めるには、無駄な仕事をしている余裕はありません。絞らなければいけないのです。これは皆わかっています。しかし、なかなかできていません。100のうち2〜3を削るのではなく、1にするまで減らしましょう。

6.6 バイアスにとらわれないことの大切さ

> 東京で成功した施策を
> 大阪でもしようと言っても、
> 「大阪は東京とは違います」
> と反対されます……

東京から大阪の拠点に赴任すると、東京でうまくいっている施策をやっていなかった。そこで「大阪でもやろう」と言うと、「大阪と東京は違います」と現場から反対の声が上がる。

この課題にはこの本！

『FACTFULNESS』
ハンス・ロスリング、オーラ・ロスリング、アンナ・ロスリング・ロンランド／日経BP

flierに要約があります
（右の2次元バーコードを読み込んでください）

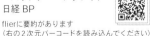

この本から学ぶポイント 3つ

01 データや事実に基づいて世界を見る習慣をつけよう

02 思い込みから解放されれば、世界を正しく見るスキルが身につく

03 正しく見るスキルは、誰もが身につけるべきである

論理だけで考えるバイアスを外してくれた言葉

　日常的なバイアス（思い込み）が原因で起きた事例を３つ
ほど紹介したいと思います。『FACTFULNESS』に載っている
話ではありません。

　まずは、私が情報誌の商品企画をしていた時代の話です。

　一般的に情報誌には、見込み顧客からの反響を期待して、
企業が広告を出稿します。この広告料金が主要な売上になり
ます。そして、見込み顧客からの反響数が、企業への価値と
なります。反響数が多ければ企業は多くの広告料金を支払う
ということです。

　見込み顧客からの反響数を増やすには、情報誌をたくさん
流通させ、顧客の手に取ってもらえば良いのですが、たくさ
ん流通させるにはコストが増加します。

　つまり、広告料金と流通数をバランスさせることが、ビジ
ネスを成功させるポイントでした。

　従来、関東、関西、東海の３エリアが別々の事業部だった
のですが、統合されたので、３エリアの商品企画を比較し
たところ、企画も広告料金も整合性がありませんでした。関
西、特に大阪だけ、流通部数に対して広告料金が安かったの
です。値引き率が高いからです。

　そこで、商品企画として、「関西、特に大阪の値引き率を改
善する。値引き率が改善できないのであれば、広告料の正価
を値上げする」という起案をしました。それに対して、「正

価の値上げはできない。そして、大阪の顧客の値引き率は昔から高いので、値引き率の改善もできない」という意見が出されました。

　私は、論理でこれを打破しようとして、関東と東海が値引き率を改善しているデータを準備しました。しかし、当時の私の上司のアプローチは異なりました。大阪の企画担当に対し、「あなたは本当に賢いな。その賢さを、値引き率改善ができない理由を探すことではなく、どうやったら東名阪が公平になるのか、その方法を考えることに使ってくれないか」と依頼したのです。論理だけで考えるというバイアスを外して、問題を解決したのでした。

「値上げをすると大クレームが入る」というバイアス

　次は、私がリクルートの子会社でマーケティングの責任者をしていた時の話です。商品がたくさんありすぎて、営業担当も覚えられない状態でした。そこで、商品の価格体系を整理し、営業にも顧客にもわかりやすくしました。

　整理の結果として、値上げをした部分もありました。それに対して先輩営業が、顧客から大クレームが入るので価格体系整理をやめるように言ってきました。

　ただ、しばらくすると、**彼らの意見は顧客に打診した結果ではなく、想像にすぎなかった**ことがわかりました。「値上げはできない」というバイアスがあったのです。

　しかし、よく考えると彼らには営業力や提案力があるの

で、値上げ交渉もできると想定できました。一方で、影響が出る可能性があるのは、多くの小顧客を担当しているコールセンターです。そこの責任者にヒヤリングしたところ、問題は起きないと断言してくれました。それどころか、「今まで複雑な価格体系を説明するのに困っていた。価格体系整理により、営業がシンプルになり、拡販が見込める」とまで言ってくれたのです。

そこで、圧倒的に顧客数が多く、営業力がないコールセンターの意見を参考に、価格整理を実行しました。最終的には、何の問題も起きませんでした。そして、当初の想定通り、値上げもできて収益性が高まったのでした。

先輩営業は、間違ったバイアスを持って、事実ではなく類推で話をしていた一方、コールセンターは事実を把握していたことがわかりました。

平均値には意味がない

最後は、平均値は万能であるというバイアスが引き起こした失敗事例です。戦闘機の椅子の大きさや位置を、パイロットの身体データの平均値をもとに決めたところ、平均値通りの身体のパイロットは全パイロットのうち数％しかいなかったということです。大半のパイロットには、「少し椅子の位置が違う」「操縦桿の位置が違う」など、何か違和感や不具合があったのです。違和感や不具合を抱えながら戦闘機を操縦していては、戦闘に勝てるわけがありません。

『FACTFULNESS』に載っている
13問のクイズ（p.9〜13）の一部

質問1 現在、低所得国に暮らす女子の何割が、初等教育を修了
するでしょう？

    A. 20%   B. 40%   C. 60%

質問2 世界で最も多くの人が住んでいるのはどこでしょう？

    A. 低所得国   B. 中所得国   C. 高所得国

質問3 世界の人口のうち、極度の貧困にある人の割合は、過去
20年でどう変わったでしょう？

    A. 約2倍になった   B. あまり変わっていない
    C. 半分になった

質問4 世界の平均寿命は現在およそ何歳でしょう？

    A. 50歳   B. 60歳   C. 70歳

✓ 中 尾 の ま と め

  バイアス（思い込み）を外して、正し
いデータをもとに世界を見ましょう。

  例えば、日本は先進国だと思っている
人が多いと思います。しかし、その平均
所得は、OECD平均（5万ドル強）よ
りも1万ドル以上低いのです。

> 多拠点を持つ
> ビジネスをしていますが、
> 拠点ごとにやり方が違っていて、
> 非効率です。

拠点展開を急いだため、最低限のルールは設定したものの、各拠点が自由に事業運営を行っている。売上は、計画ほどではないが、伸びている。しかし、拠点ごとにオペレーションが異なるため、規模のメリットが出ない。

この課題にはこの本！

『Hot Pepper
ミラクル・ストーリー』

平尾勇司／東洋経済新報社

この本から学ぶポイント **3**つ

01 行動を標準化し、
それを習慣化しよう
（念仏を唱える）

02 日々、標準と外れていないか
チェックしよう

03 合理と情理を統合する
重要性を知ろう

札幌版の「フォーカス戦略」に学んで成功

この本では、『ホットペッパー』が立ち上がったリアルストーリーを学べます。

『ホットペッパー』の前身は『360°（サンロクマル）』という地域の様々な情報を掲載したフリーペーパーでした。著者の平尾さんは中国支社長として中国地方の360°を担当します。その際に全国を見渡して札幌版の収益が良いことに着目し、その中身を徹底的に調べました。

札幌版は、ターゲットをすすき野から半径2kmの飲食店（居酒屋）に絞り、フリーペーパーの配布地域も同じにしていました。ターゲットを絞ることで営業ノウハウや広告ノウハウなどが蓄積され、さらに成果を高めることができます。

この札幌版の手法を中国地方でも展開し、大きな成果を挙げたのです。

現場が本当に困っていることを知ろう

中国地方での成果を皮切りに、平尾さんは全国で成功モデルを横展開します。

ある時、全国の拠点長（版元長）が東京に集まり営業力強化についてディスカッションをしました。その場で、営業力強化には提案力を高めることが有効だという話になりました。そこですかさず、平尾さんは拠点長に言いました。「そうか、じゃ、想定ニーズ聞き出し、それに合った提案ができ

るように、営業トークと説明用のツールをつくろう」（p.102）、
「これを版元長がまず使って新規営業をしてみよう」（同）。

　営業を行い、戻ってきた拠点長に営業成果を確認すると、
問題は提案力ではありませんでした。「提案どころじゃない
ですね……座って話どころか、立ち話もさせてもらえない」
（p.103）。**解決すべきは提案力ではなく、商談のアポイント
が取れないということだった**のです。

　そこで開発されたのが２段階営業です。１回目の飛び込み
では次回のアポを取得することだけを行うのです。そして２
回目の商談では、必要に応じて上司も同行し、営業をします。

　２段階にするのは、一見、非効率に見えます。しかし、そ
れぞれやることをシンプルにすることで、成果がどんどん上
がっていったのです。

「いつでもロールプレイング」の凄味

　私自身がホットペッパーの拠点を訪問した時に驚いたこと
を紹介します。

　朝礼で、拠点長から新しい号の企画が紹介されました。企
画内容や企画意図を丁寧に説明します。すると営業は２人１
組になり、営業役と顧客役になって、ロールプレイングを始
めたのです。そして、しばらくすると役割を交代しました。
それが終了すると、営業ロープレが上手な人が選ばれ、皆の
前でそれを披露。その後、各営業は、そのロープレ内容を自
分で話せるように、各自練習。その時間、わずか30分でした。

企画が紹介されてから30分という時間で最善の営業トークができあがるのです。

あるインターネット大手の上場会社の社長が最終面接で、その場での対応力を確認するために、「私にこのケーキを売ってみてください」というお題を出しました。ほとんどの人が上手にケーキを営業できない中で、ホットペッパー出身者は、社長が「欲しい」と言うトークを短時間で作れたそうです。その理由がロープレにあると聞いた社長は、ホットペッパーの出身者を積極的に採用すると決めたそうです。

2週間の「ロープレマラソン」で早期育成

ホットペッパーでは、**様々な型を作り、それを横展開する**ことで多拠点マネジメントを上手に実施していました。

例えば、新拠点を作るのと同時に採用した営業未経験者を短時間で育成する仕組みが「ロープレマラソン」。営業活動を20弱のステップに分解し、それを2週間で習得するのです。本部が作成したロープレマラソンの手順に基づいて、新拠点長自ら、採用した新メンバーを育成します。

そして、入社1か月目の後半の2週間で実際の営業活動を行い、どんなことをしても初受注できるようにします。

私がスーモカウンターを担当した時、この人材育成方法を大いに参考にしました。おかげで、当初独り立ちまで半年かかっていたのを2か月以内と、3分の1まで短縮できました。

戦略を共有するための「念仏」

「大切なのは、その戦略戦術ストーリーが全員で共有されて、日々の行動で実現されることだ。全員の毎日の行動に表れなければ戦略戦術は絵に描いたもちになる。

　そのなかで、後の営業戦略の中核となる『コア商圏・飲食・居酒屋・1/9・3回連続受注・20件訪問・インデックス営業』というコンセプトが生まれ、それを『念仏』と呼んだ」

（『Hot Pepper ミラクス・ストーリー』p.108）

☑ 中尾のまとめ

　この本が出版されたのは2008年。しかし、2023年現在でも、IT企業の経営者が、著者が住んでいる広島に話を聞きに行っています。時代を超えて汎用性があるノウハウが満載の本です。

6_8 組織再編に伴うシステム再編

複数の組織が統合されるのに伴い、システムも再編することに。どうすれば全体最適なシステムを作れるでしょうか?

当社ではシステム部門の立場が弱い。統合された組織にCIO（情報担当取締役）もおらず、統合前の各組織にシステム担当者がいる状態。これでうまくいくのだろうか。

この課題にはこの本!

『みずほ銀行システム統合、苦闘の19年史』

日経コンピュータ、山端宏実、
岡部一詩、中田敦、
大和田尚孝、谷島宣之／
日経BP

flierに要約があります
（右の2次元バーコードを読み込んでください）

この本から学ぶポイント3つ

01 経営陣が現場任せにすると何が起きるのか

02 全体を統合するCIOがいないと何が起きるのか

03 事業会社ごとのベンダーすべてに良い顔をすると何が起きるのか

プロジェクトを小さくしたい人はいない

　私がリクルートテクノロジーズの社長をした際に、過去の大規模プロジェクトの報告書を見て気付いたことです。実はプロジェクトを小さくしたい人は一人もいないのです。

　プロジェクトには主に、プロジェクトオーナー（PO）、プロジェクトマネジャー（PM）、事業側の取りまとめ役、事業側のユーザー、そしてSIer（開発会社）が関わります。予算などの制約条件を除くと、大きなプロジェクトを経験したことが勲章になる傾向がありますから、PMは大きなプロジェクトを担当したいという意識を持ちがちです。事業側のユーザーは、ここを逃すと開発をしてもらえなくなるので、ここぞとばかりにシステムに要件を積み込もうとしがちです。取りまとめ役も、ユーザーの要望をつぶすと悪者になるので、それを避けがちです。そしてSIerも、人材の調達などの制約条件はありますが、できれば発注額を大きくしたいという志向が働きます。つまり、**当事者は知らず知らずのうちにプロジェクトを大きくしがち**なのです。さらに、バッファーを加えても、パーキンソンの法則が言うように、予算や時間はすべて使われてしまうものです。

再構築が新たに開発するよりも難しい理由

　複数のシステムを統合、あるいは再構築するのは、実はゼロから開発するよりも難易度が高いです。現在あるシステム

の仕様を正確に理解するのが困難なのが理由です。最初のシステムの仕様書がないこともありますし、途中の変更履歴や、そもそも何のために仕様変更したのかの意図がわからないケースがほとんどです。

さらに「仕様変更せずに単純再構築をしよう」「コスト削減しよう」という言葉が加わると最悪です。**実際には仕様変更をしないなどということはありません**。コスト削減で、仕様変更のために適切な人員を確保できないと、遅延や品質の低下が起きます。

従来のシステムに関与していない会社の営業が、コンサルタントという名で経営陣にアプローチし、経営陣が仕事を依頼してしまうと、悲劇が大きくなります。このようなコンサルはトップ営業が得意なので、日本中のあちこちで、日々悲劇が起きています。

みずほ銀行のシステム開発でも、複数の会社での類似の業務を別々のベンダーに発注しているケースがありました。当初は1つのベンダーが開発したシステムに寄せる予定でしたが、外された会社の営業がトップ営業をして、複数のシステムを残して繋ぐという悪手を選んだということです。

どちらかに寄せるのが最善策

私はみずほ銀行ほどの規模のシステム開発に携わったことはないのですが、やはり、どれかのシステムに寄せることが最善策だったように思います。

大規模な2社が統合した際の話を聞いたことがあります。4つの業務システムがあったのですが、3つを東京本社側のシステムに、1つを大阪側のシステムに寄せました。そして、そのシステムでできないこと、不具合があることを、選ばれなかったシステム側の人たちにチェックしてもらい、不具合だけを修正したのです。その結果、大きな瑕疵がないことがわかり、改修箇所も最小限で済んだそうです。**両社横断のCIOが強い権限とリーダーシップを持っていたので、なんとかなった**という話でした。

みずほ銀行では、ホールディングスの記者会見で「CIOは経営会議のメンバーではないのでしょうか」（p.216）と聞かれて、「ここにいる三人ともシステムが最重要課題の一つとして認識しており、ぬかりなくやる所存です」（同）と答えています。CIOの必要性もわかっていなかったようですから、寄せることを選択しても、実行面で頓挫したかもしれません。

開発できる人材が限られていることも難しい理由

エンジニアの採用が難しいのは皆さんもご存じだと思います。加えて、勘定系の大規模開発には、もう2つ難しいことがあります。経験のある人が限られていることと、その言語で開発したことがある人が少ないことです。私が担当した会社では、勘定系のシステムの（本当の）単純再開発を行う際、人員を倍にして経験者を増やし、未来に備えました。

みずほ銀行の
システム統合失敗の主な原因

❶ホールディングス側に CIO がいなかったこと

❷経営陣が現場任せにして、必要な判断・資金・人を投資できなかったこと

❸事業会社ごとに多くのベンダーがいて、どのベンダーも活かすという判断をしたこと

❹複数の既存システムを繋ぐリレーコンピュータ方式を取りながら、全体を見る CIO がいなかったので、個別最適になったこと

❺それぞれのシステムが古いアーキテクチャーで、かつ、ブラックボックス化していたこと

❻多くのベンダー（実に 1,000 社）がからんでいるが、それを統合できる仕組みになっていなかったこと

❼開発がうまくいっていないことを現場はわかっていたが、報告しても聞いてもらえなかったこと

☑ 中 尾 の ま と め

　従来、システム部門が重用される場面は限られていました。しかし、現在の業務はシステムと密接に繋がっています。経営トップがシステムを理解しているか、システムを理解している人材が経営トップになることも必要です。

足元の成果は
上がっているのですが、
中長期について考える時間が
取れていません……

この3か月間を振り返ると成果を挙げているが、忙しくて、中長期のことを考える時間が取れていない。どうやったら、その時間を確保できるのか。

この課題にはこの本！

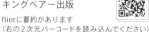

『完訳 7つの習慣 (普及版)』
スティーブン・R・コヴィー／
キングベアー出版

flierに要約があります
(右の2次元バーコードを読み込んでください)

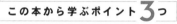

この本から学ぶポイント**3**つ

01 私的成功のための
3つの習慣

02 公的成功のための
3つの習慣

03 再新再生のための
1つの習慣

最優先事項は何か

『7つの習慣』は世界的なベストセラーです。日本でも220万部以上が売れ、読みやすいマンガにもなっているので、手に取ったことがある方も多いと思います。

また、これを実践するための研修も数多く実施されています。私もこの研修を受講し、一時期、リクルートマネジメントソリューションズで販売もしていました。

7つの習慣はどれも役立つのですが、その中でも第3の習慣「最優先事項を優先する」が、私にはとてもインパクトがあったのを覚えています。最優先事項の決め方が私の感覚と違ったのです。

緊急度の高低と重要度の高低で、やるべきことを4分類します。4分類のうち、どの優先順位が高いかというと、直感では、「緊急度が高く、重要度が高い」こと（第Ⅰ領域）だと考えると思います。ところが、「緊急度が低く、重要度が高い」こと（第Ⅱ領域）だと言うのです。

第Ⅱ領域は、例えば、「将来に向けて語学を強化する」「会社で問題があるので抜本的に解決する」、あるいは、「パートナー、家族、友人と時間を過ごす」など、**今すぐにはしなくても良いけれど、重要なことです。これらを『7つの習慣最優先事項』（コヴィー他／キングベアー出版）では「大きな石」と呼び、これをやるスケジュールを確保するようにアドバイスしている**のです。

第Ⅰ領域で忙しくしていると破綻する

　振り返ると、**第Ⅰ領域ばかりやっている組織のリーダーは、前年も同様のことをしていました**。いつもトラブル対応をしていて、ずっと忙しそうなのです。そして、そのようなリーダーの組織のメンバーも、ずっと忙しそうでした。そして、少し誇らしそうだったりするのです。

　しかし、これを続けていると、緊急トラブルが同時多発的に発生して、どこかで破綻してしまいます。それを防ぐためには、緊急トラブルが起きる**根本原因を解決する必要があります**。根本原因は仕組みやシステムなどにあることが多く、関係者も多いので、現状把握にも原因究明にも、その後の解決にも手間がかかります。そもそも与えられているミッションでもありません。だから、目の前の仕事が多い中で、時間を割く優先順位が下がってしまい、放置してしまう。そして、前述のように、最後には破綻してしまうのです。

　これを避けるためにも、第Ⅱ領域の「大きな石」のスケジュール確保をアドバイスしているのです。しかし、時間の確保がままならないのが実情であったりします。

第Ⅱ領域のための時間を定期的に取る工夫

　前述のように、私は中尾塾という経営者塾を主催しています。ここでもこの第Ⅱ領域の時間の確保は大きなテーマの1つです。

急成長している企業は、どうしても様々な歪みが組織のあちこちに発生します。ビジネスプロセスを担うそれぞれの組織が、それぞれのミッション達成を目指し、その結果、部分最適な判断をするようになり、組織間の連携がうまくいかなくなる。組織の成長に中間管理職の育成が追い付かず、階層間で揉めごとが起きる。これらの大半は、よく考えると事前に想定ができ、予防できた案件であったりします。しかし、目の前の緊急度が高い案件の処理に時間を取られ、検討できないのです。

まずは、**無理やりにでも中長期について考える時間を定期的に確保する**必要があります。

私自身は、新規事業であるスーモカウンターを担当している時には、週に1日、必ず店舗視察の時間を確保していました。すると、店舗間の移動時間に思索できます。

これを実現するには、従来5日でやっていた1週間の仕事を4日でやれば良いのです。実際、祝日があって週に4日であっても、通常の週の業務ができたりしますよね。

この経験から、中尾塾参加者にも毎週時間を確保することをアドバイスしています。効率的な時間の取り方は2パターンあるようです。1つは、私のように、週に1日取る人。ある人は、「1人合宿」と称して、遠隔地で気分を変えて実施しています。もう1つは、毎日2時間を5日など。

どちらにしても、定期的に時間を確保し、**第Ⅱ領域に手を打ち出すと、緊急度が高い案件の発生度合いが減ります。**

7つの習慣

(『完訳 7つの習慣（普及版）』より)

私的成功

- ●第1の習慣　主体的である
- ●第2の習慣　終わりを思い描くことから始める
- ●第3の習慣　最優先事項を優先する

公的成功

- ●第4の習慣　Win-Winを考える
- ●第5の習慣　まず理解に徹し、そして理解される
- ●第6の習慣　シナジーを創り出す

再新再生

- ●第7の習慣　刃を研ぐ

☑ 中尾のまとめ

　緊急度が低く、重要度が高い、第Ⅱ領域のために、この1週間に何時間費やしたかチェックしてみてください。週に数時間も取れていないのであれば、来週以降のスケジュールをブロックして確保しましょう。

第 **7** 章

トラブル発生時・環境変化の
課題を解決する11冊

トラブルが起きても原因追及が十分にできず、トラブルが頻発します……

振り返りや原因追及をしようとすると、個人の責任を追及していると思われ、当事者が本当のことを話さない。トラブルを振り返り、再発防止に活かせる組織にしたい。

この課題にはこの本！

『だから失敗は起こる』
畑村洋太郎／NHK 出版

この本から学ぶポイント 3つ

01 失敗は組織が誘発することがある

02 失敗は隠蔽され、周囲に伝わりにくい

03 失敗の主な原因は、無知、誤判断、決まりを守らない、不注意

失敗からは多くの学びを得られる

　私がかつて担当した組織には、振り返りをしない組織がありました。多くの施策をしているのですが、前年の施策を2つだけしか振り返っていなかったのです。

　理由の1つは、多忙で時間がなかったということ。もう1つは、**失敗を振り返ると犯人探しになるという勘違い**です。

　私は、仕事ができる人の共通点として、G-POP®（ジーポップ）を発見しました。**仕事ができる人は、常にGoal（目的）を意識し、Pre（事前準備）に時間を使い、On（実行・修正）で柔軟に対応し、Post（振り返り）から学びます。** Post では、うまくいったら、次回もうまくいくようにそのポイントを振り返り、失敗した場合は、再発防止策を考え、次に類似のことを行う場合の成功確率を高めます。

　成功するには原理原則を押さえておく必要があります。原理原則を押さえても必ずしも成功するわけではありませんが、**原理原則を外すと必ず失敗します。** つまり、失敗からは多くの学びが得られるのです。Post（振り返り）をしない組織は、その学びの機会を逃しているので、あまりにもったいない。

　上述の私の組織は、この本で失敗学を学び、その後、毎週複数の施策を実施しては Post（振り返り）を行う組織に変化しました。その Post（振り返り）の数、実に年間100回以上。年に2回から100回以上になったのですから、50倍以上です。その甲斐もあって、1人あたりの売上で見た生産性は5

倍という驚異的な伸びを実現できました。

組織の無茶な要望が不正を生む

　この本では、8つの事例から失敗が学べます。例えば、「組織が失敗を呼ぶ」事例として JR 福知山線の脱線事故が取り上げられています。厳密な定時運行にこだわったことを中心に、複合要因で事故が起きました。組織の無理な要望が重大な失敗を呼んだのです。

　組織が失敗を呼んだ事例は枚挙に暇がありません。「東芝の不正会計騒動で話題になった『チャレンジ』という魔の言葉」（有井太郎「聞き取り調査で続々判明！『チャレンジ強要職場』の悲惨な実態」ダイヤモンドオンライン、2015 年 10 月 30 日）がありました。「経営陣が各部署に『チャレンジ』と称した無茶な収益達成目標を押し付け、その圧力が利益の水増しを引き起こさせた」（同記事）のです。「短期間ではおおよそ達成不可能な利益目標を示し、圧力をかけた。なかには、3 日で 120 億円の利益を出すよう求めたこともあるという」（同記事）。絶対に無理な要望です。その結果、「リーマンショックが発生した 2008 年から 2014 年まで、合計で約 2000 億円を超える利益の水増しを行っていた」（同記事）。「不正行為が蔓延していった」（同記事）のです。

　同様の話は、マネジメントの手本とまで言われていた GE でも発覚しました。高い利益目標を課せられて、できないと報告すると更迭されたり、「君の組織はそんなメンバーだけ

なのか！」と叱責されたりするのです。そのため、長期にわたるメンテナンス契約を今期の利益に計上するなど、利益を水増しし続けました。当然ですが、これもどこかで破綻します。

　組織からの無茶な要望、チャレンジは、大小の差はあれ、多くの会社員が経験しているかもしれません。しかし、多くが破綻しています。JR西日本、東芝、GEから学べることは多いはずです。

失敗が起こる前の「悪い兆し」を把握しよう

　ハインリッヒの法則をご存じですか？　1件の重大事故の背後には、重大事故に至らなかった29件の軽微な事故が隠れており、さらにその背後には事故寸前だった300件の異常、いわゆるヒヤリハット（ヒヤリとしたりハッとしたりする危険な状態）が隠れているという経験則です。「1：29：300の法則」とも呼ばれています。つまり、重大事故の背後には300の異常があるのです。この異常の状態を把握できれば良いのです。

「悪い兆し」を現場から把握できると、大きなトラブルが激減していきます。上位者が、大きなトラブルになるのか、ならないのかを判断できるからです。大きなトラブルになる可能性が高いと判断した場合は、組織を超えて対策を検討できます。

失敗の原因

個人 ↕

❶無知、不注意、
　手順の不順守

❷誤判断、調査検討の不足

❸未知、制約条件の変化

❹企画不良、
　価値観不良、組織不良

組織

（『だから失敗は起こる』p.95 より）

☑ 中 尾 の ま と め

　「悪い兆し」を経営陣が把握できる仕組みを作りましょう。「悪い兆し」を挙げた人に感謝することがポイントです。この効果は大きく、大きなトラブルが発生する可能性が激減します。お勧めですよ。

72 大きなトラブルへの対応

想定外のトラブルが
次々に発生し、
右往左往しています……

経験したことがないトラブルなので、経営陣
も含め、誰も処方箋がわからない。現場は勝
手に動き出しており、収集がつかない。

この課題にはこの本！

西條剛央
[ふんばろう東日本支援プロジェクト]代表
早稲田大学大学院（MBA）専任講師

人を助ける
すんごい仕組み
ボランティア経験のない僕が、
日本最大級の支援組織をどうつくったのか

糸井重里

岩をも動かす
理屈はある。
「そこに方法がないなら、つくれ
ばいい」西條さんの学問は「実戦
的で痛快」な、「震災の状況だけで
なく、あらゆる仕事の場で役に
立ってしまうのだ」と思う。

ダイヤモンド社

『人を助ける
すんごい仕組み』
西條剛央／ダイヤモンド社

この本から学ぶポイント 3つ

01 様々な場面で活用できる
「構造構成主義」

02 「肯定ファースト」
というコミュニケーションの
基本的スタンス

03 プロジェクト組織の
マネジメント手法

混乱する被災地で、どうやって物資を届けたか

　私が著者の西條さんに初めてお会いした時、この本の中で取り上げられているエピソードの一部を紹介していただきました。それは、東日本大震災後の物資の輸送についてでした。

　災害時の支援物資の輸送は、「大規模避難所→中規模避難所→小規模避難所や仮設住宅」という多段階輸送が前提でした。自治体や赤十字社などからの支援物資は、まず大規模避難所に輸送されるのですが、そこでの仕分けが追い付かない。しかも小規模な避難所と大規模な避難所の連絡網もできていないので、大規模避難所に物資が集中してしまう。そのため、支援物資の受け入れができなくなる。それを表面的に捉えたマスコミが、物資はもういらないという誤ったニュースを流してしまうのですが、実際は、小規模避難所には物資が届いていない。

　その状態を見た西條さんは、多くのボランティアのマンパワーを活用して、次のような仕組みを作りました。

　ボランティアが電話で小規模避難所に直接連絡をし、必要な物資を聞き取りSNSにアップする。そのSNSを見て、物資を送れる人が直接現地に送る。同時に、SNSのリストから消す。つまり、多段階輸送を直送に変えることで、必要なものが必要なところに届く仕組みを作ったのです。

　同様に、仮設住宅には家電が配給されるのですが、半壊した家で避難生活を送っている人たちには、そのような支援は

ありませんでした。しかし実際は、半壊した1階にテレビ、洗濯機、冷蔵庫といった主要な家電があり、津波により使えなくなっていたのです。それら半壊した家に全国の中古家電を送るネットワークも作り上げました。

　成果はこれ以外にもたくさんあります。これらを、本質行動学、構造構成主義というマネジメントの研究をしているけれども、実際のマネジメントの経験はない学者である西條さんが実践したのです。学ぶ価値が大いにあります。

「状況」と「目的」により最適な「方法」は変わる

　私が会った時、西條さんは早稲田大学MBAの専任講師でした。その後、EMS（Essential Management School）を主催し、マネジメントを教えています。私も、受講者として、受講者をサポートするファシリテーターとして、あるいは講師として関与しました。私自身、現在マネジメントを生業にしていますが、たくさんの影響を受け、多くの学びを得ることができました。

　例えば、「方法の原理」。これは、「状況」と「目的」により最適な「方法」は変わるという原理です。言われてみれば当たり前のことです。ところが実際は、**他で成功した「方法」を自社の「状況」や実現したい「目的」を考慮せずに、そのまま活用しようとする話を聞くことがあります。方法の原理に照らし合わせれば、そのようなことを防ぐことができます。**

　あるいは、「肯定ファースト」。まず相手を肯定しようとい

うスタンスです。営業活動で「Yes, but」法を勧めるケースがあります。これは、顧客の発言に対して、否定したい場合でも、まず Yes と受け入れてから、but と続けようというものです。初めて組織を作る際も、まずは肯定し、受け入れると、相互の関係性が良くなります。言われると当たり前ですが、そのようなルールを作らずに組織をスタートすると、あちこちで揉めごとが起こるわけです。前述のボランティア組織は、最大 3,000 人を超える組織です。この**肯定ファーストのおかげで組織がうまく機能した**と聞いています。

また、マネジメントの定義も秀逸です。マネジメントは、「管理」と訳されることが多いと思います。メンバーのチェックをするニュアンスです。しかし実際のマネジメントは、管理より経営に近い。それを表すために、西條さんは**「望ましい状態を何とか実現すること」**と表現しています。まさにリーダーが日々実現しようとしていることだと思います。

多くの著名人がこのプロジェクトを応援してくれた

猪瀬直樹東京都副知事、野田義和東大阪市長、柿沢未途衆議院議員から、GACKT 氏、宮本亞門氏、市村正親氏、大竹しのぶ氏、木村佳乃氏、佐藤隆太氏、藤原紀香氏、別所哲也氏、松田美由紀氏、南果歩氏、森公美子氏、森山未來氏など、所属事務所の垣根を越え、有名人からも続々支援の手が差し伸べられました（肩書は当時）。皆、西條さんを通じて被災地を応援できると感じたからです。

西條さんが
「ふんばろう東日本支援プロジェクト」
で立ち上げたプロジェクトの例
（『人を助けるすんごい仕組み』p.3〜4より）

❶物資支援

❷家電プロジェクト

❸ガイガーカウンター
　プロジェクト

❹重機免許
　取得プロジェクト

❺漁業支援プロジェクト

❻おたよりプロジェクト

❼ハンドメイドプロジェクト

❽給食支援プロジェクト

❾PC設置でつながる
　プロジェクト

❿ミシンでお仕事プロジェクト

⓫いのちの健康プロジェクト

⓬学習支援プロジェクト

⓭エンターテインメント
　プロジェクト

⓮就労支援プロジェクト

⓯手に職・布ぞうりプロジェクト

⓰うれしいプロジェクト

☑ 中 尾 の ま と め

　カナダの経営学者ミンツバーグ教授は、マネジメントにはArt（直観）とScience（論理や数字）とCraft（経験）が必要だと言います（4-4参照）。リーダーは、西條さんのScienceとArtからたくさん学べると思います。

7_3 「ゆでガエル」にならない方法

徐々に状況が悪くなっているのですが、誰も手を打とうとしません……

少しずつ市場が小さくなっているのは誰もがわかっている。しかし、売上が大幅に減っているわけではなく、コスト削減や想定外の大型受注のおかげで利益が増加した年度もあるため、誰も変革をしようとしない。

この課題にはこの本！

『チーズはどこへ消えた？』
スペンサー・ジョンソン／扶桑社

この本から学ぶポイント 3つ

01 時代や状況の急激な変化にいかに対応すべきか

02 動いて情報を集め、その情報により次の動きを決めよう

03 何もせずに動かないと「ゆでガエル」になってしまう

「ゆでガエル」になるのは正常性バイアスのせい

　ゆでガエルの寓話、あるいは「ゆでガエルの法則」をご存じですか？　状況の変化が緩やかだと、迫り来る大きな危機になかなか気付けないことを表す喩え話です。カエルをいきなり熱いお湯が入っている水槽に入れると驚いて逃げ出すのですが、水が入っている水槽に入れて、水温を徐々に上げていくと、はじめは温度変化に気付かないで逃げ出さず、その後、気付いた時には、体力を奪われて逃げ出すことができず、最後はゆで上がって死んでしまうというものです。

　この話は多くのビジネスパーソンが知っています。そして、実際、ビジネスの場面でよく起きます。ところがその渦中にいる人たちは、変化を無視したり、過小評価したりするのです。これは、認知バイアスの一種である「正常性バイアス」が原因であることが多いです。

　ビジネスに限りません。自然災害や火事、事故、事件などといった、**後から考えると自分に何かの被害が予想される状況下にいても、それを正常な日常生活の延長上の出来事として捉えてしまう**のです。都合の悪い情報を無視したり、「自分は大丈夫」「今回は（も）大丈夫」「まだ大丈夫」などと過小評価したりします。そして、その結果、逃げ遅れるのです。

　では、どうしたら良いのか。ゆでガエルの寓話で言うと、**常に水温を測定し、常に選択肢を考えておくことが重要**です。水温とは、市場の伸びや自社の伸びです。

コロナ禍の中でいち早く動き出した人たち

　私は中尾塾という経営塾を主催しています。参加者には、codeTakt 社の teamTakt という協働学習ツールに毎週の振り返りを入力してもらっています。すると、参加者がどのような用語を使っているのかが一目瞭然でわかります。ワードクラウドで最頻出文字が中央に大きく表現されるのです。

　コロナ禍が始まった直後の 4 〜 6 週間は、「コロナ」という文字がとても大きく表示されていました。ところが 8 週目になると、相変わらず「コロナ」の文字は大きいものの、その周囲に「新規」とか「事業」とか「再編」という文字が大きく表示されるようになってきました。

　これらの言葉を書いている経営者を見ると、共通点がありました。コロナ禍は長期化するかもしれないと考えて、環境変化に合わせ、新規事業、既存事業の見直し、再編に取り組み出していたのです。正常性バイアスを超えて、『チーズはどこへ消えた？』に登場する 2 匹のネズミや 2 人の小人のうちの 1 人のように動き出したのです。

　彼らはなぜ動けたのか。1 つは水温を測り続けていたからです。**売上だけではなく、その先行指標などの数字を見ていて、その落ち込みが今までとは異なると現状把握したのです**。もう 1 つの理由は、**決裁者の数が少なかった**ことです。取締役の人数が少ないので、事実を見て、その場で判断ができたのです。

今できる最大限を考え、実行し続けよう

　あるスタートアップの経営者は、その時に自分は何ができるのかを必死に考えました。コロナ禍直前に店舗を拡大していたからです。1号店が軌道に乗り、採用もうまくいき、2号店出店を決めました。1号店の顧客も2号店を利用してくれ、コロナ禍前までは順調に業績が上がりました。しかし、コロナ禍が始まったとたんに売上が大幅にダウン。先が見えない状況です。このままでは、数か月後には資金がショートしてしまいます。

　この経営者が考えたのは、**「何を大事にするのか」** ということでした。1つは、事業を始める時に、スタートアップにもかかわらず、一緒にやると決めてくれた仲間を大事にする。もう1つは、同じくスタートアップなのに信用してくれて取引を始めてくれた取引先を大事にする。

　そこでこの経営者は、3か月間は、「仕事の有無にかかわらず給料を支払う」と従業員に話しました。取引先にも、3か月は今までの取引量を仕入れると伝えました。

　すると、この3か月の間に、従業員も取引先も協力してくれて、様々な新商品、新業態を作り上げることができました。その結果、この会社は息を吹き返し、成長しています。

　その時の判断が最善だったのかは誰にもわかりません。コスト削減をするのが正しかったかもしれません。しかしこの経営者は、その時にできる最大限を考えて、実行したのです。

すぐに動いた2匹のネズミの名前の由来

・スニッフ（Sniff）：においをかぐ
・スカリー（Scurry）：急いで行く

動かなかった2人の小人の名前の由来

・ヘム（Hem）：閉じ込める
・ホー（Haw）：口ごもる

2人はしばらく動かずに議論するが、
ホーは勇気を持ってチーズを探しに行く。

☑ 中尾のまとめ

　平時に正しい判断ができる人はいます。しかし乱時には、正しい判断どころか、そもそも判断ができる人が限られています。乱時に正しい判断をするには、常日頃から自分は何を大事にしているのか考える必要があります。

7_4 厳しい競争環境の中での業績の上げ方

競争が激化していく中で、値引きが常態化し、組織に負け癖がついてしまっています……

かつてはコアなファンがいたが、世の中の流れに迎合し、値引きが常態化したことで、ブランドイメージも毀損してしまった。業績をV字回復させるには、どうすれば良いのか。

この課題にはこの本！

『最高の顧客が集まる
ブランド戦略』
木村隆之、小沢コージ／幻冬舎

この本から学ぶポイント 3 つ

01 「データ→アイデア→
ストーリー」
というマネジメントツール

02 マーケティングミックスの
4Pをすべて変える
ダイナミクス

03 バランスト・
スコア・カード
（第2章）

ＡＢＣＤができる組織になろう

私は、「業績が良い組織は ABCD ができる」という話をすることがあります。3-8 でも述べたように、（A）当たり前のことを（B）馬鹿にせずに（C）ちゃんと（D）できる、ということです。

この本で取り上げられているボルボ日本法人もそうです。著者（木村さん）はボルボ日本法人の社長に就任し、4 年で売上 1.6 倍、2 年連続日本カー・オブ・ザ・イヤー（輸入車で初の快挙）を実現しました。免許証を取得する人の数は頭打ちで、輸入車は強い競合が目白押しという厳しい市場環境。それでも、従業員も取り扱う製品も同じなのに、様々な数字を大幅に改善したのです。**業績が伸び悩んでいる会社のV字回復のための教科書**のような本です。

著者がしたのは、営業の原理原則、いわば当たり前のことです。**業績が悪くなると、現場は当たり前のことができなくなります**。取扱製品に自信がなくなり、値引き販売に走ります。値引き販売をしていると、さらに自信をなくします。しかも利益を減らすので、人への投資もできなくなります。まさに悪循環です。

４Ｐはすべて変えることができる

著者が行ったことは、聖域を設けない、そして、事実（データ）から物事を判断するということです。

　例えば、ボルボのオーナーは「年収やその他属性などさまざまな面でメルセデス・ベンツやBMWなどのプレミアムブランドとあまり変わりませんでした」(p.84) というデータが見つかりました。「ところが、ボルボだけ販売しているクルマの平均価格が317万円なのです。他のプレミアムブランドは500万円以上でした」(同)。

　ボルボには安心・安全というブランドイメージがありました。しかし、最廉価のモデルには、安心・安全の機能が標準装備されていませんでした。そこで、販売するすべてのモデルに最新の安心装備を装着しました (Product の変更)。そして、プレミアム度を上げて、平均販売価格を上げました (Price の変更)。

　同時に、プレミアムカーの営業としてディーラーを再教育しました (Place の変更)。加えて、青山にフラッグシップの情報発信基地を作りました (Promotion の変更)。マーケティングミックスの4Pすべてを変更したのです。

　そして、これらのアイデアでどのようなボルボの世界観を作るのかをストーリー仕立てにし、「**データ→アイデア→ストーリー」というシンプルなフレームを活用することで、関係者すべての協力を得ました**。関係者は多岐にわたります。まず、本国のメーカー。加えて、自社の従業員。そして販売店の経営者と従業員です。そうして、短期間で、ABCDができる強い共同体に変更させたのです。

その結果が、前述の素晴らしい成果です。

重要なのは「データの解釈」

ボルボ復活のきっかけは、顧客の収入のデータです。**多くのデータの中から有効なデータを発見し、そのデータをどのように解釈するのかがポイント**です。同じデータを見ても、解釈がトンチンカンでは意味がありません。

ボルボの顧客の年収のデータも、「ボルボを購入する人は、車にお金を使わない人である」という解釈も可能です。しかし、これでは何も生み出しません。

ある上場会社が積極的にM&Aをし出したきっかけも、あるデータだと伺いました。あるコンサル会社による、その業界の企業の時価総額は何に相関があるのかを示したレポートです。トップライン（売上）で7〜8割が説明でき、トップラインの伸びは、伸びる業界にいることとM&Aの2つの因子で8割以上説明できるとあったのです。

同社はそれまで、同業他社よりも良い製品を作り、シェアを上げることを志向していました。しかし、これの時価総額への寄与は限定的だったのです。その事実を把握した後、取締役会で、伸びる業界への進出とそれをM&Aで実行することを決定しました。

リーダーには、**自社にとって重要なデータを発見し、いち早く、それを正しく解釈する**ことが求められます。

「顧客の世帯年収は、
自社よりも高い商品を取り扱う
同業他社と同じ」

良い解釈

● 価値ある商品に販売を絞り、それに見合った
接客ができれば、
販売単価を上げられる可能性がある

悪い解釈

● こんなデータは関係ない
● 年収は高くても、自社の商品には興味がない。
だから、値引きするのが正しい

☑ 中尾のまとめ

実は重要なデータが目の前にあっ
たりします。しかし、データが多す
ぎて見つけられなかったり、その
データの大事さがわからなかったり
する人が少なくありません。

データを見つけ、解釈する訓練を
しましょう。

業績がじり貧で、
とうとう過去最高赤字に。
なんとかしないと！

復活の目途が立たず、社長が交代。
大ナタを振るってでもV字回復を
実現させなければいけない。

この課題にはこの本！

『ザ・ラストマン』
川村 隆／角川新書

この本から学ぶポイント 3つ

01 意思決定者を減らそう

02 「出血を止める」と
「キャッシュを生む
事業を見つける」の
両方をやろう

03 世界で勝てる事業を考えよう
（大企業では必須）

「自分の後ろにはもう誰もいない」という覚悟を

『ザ・ラストマン』というタイトルは、日立製作所のＶ字回復を成功させた著者の川村さんが設計課長になった時に、上司の工場長から「この工場が沈むときが来たら、君たちは先に船を降りろ。それを見届けてから、オレはこの窓を蹴破って飛び降りる。それがラストマンだ」（p.24）と言われたというエピソードから来ています。自分の後ろにはもう誰もいない。この覚悟を持っているかどうか。リーダーたる者、こうありたいですね。

　川村さんはハイジャックに遭遇された経験があります。操縦士は刺されて死亡、副操縦士は操縦席から外に出されました。操縦はハイジャック犯がしていたのです。その飛行機には、非番のパイロットの山内純二さんという方が乗り合わせていて、ＣＡの制止を聞かず、マニュアルを無視し、操縦室に飛び込みました。それで事なきを得たのです。川村さんは、生死の境で、緊急時のラストマンの仕事を体感されたのです。

日立製作所をＶ字回復させた「５つのステップ」

　川村さんは、日本の製造業で過去最大（当時）の赤字を出した日立製作所の改革の中で、多くのことをしています。ここでは、筋となる５つのステップについてだけ紹介しましょう。このステップは、皆さんが改革をする際の参考になると思います。

①現状を分析する

「必要なのはただ一つ、データ」(p.112)。「成長産業では前進し、成熟産業からは撤退」(p.113)(例外は残存者利益が見込める時のみ)。

②未来を予測する

「『先』の『もう一つ先』まで読んでおき」(p.117)、読みが外れた際の対策まで考えておく。やめることも重要。

③戦略を描く

「数字だけではなく、『なぜ必要なのか』『何のために必要なのか』『それを達成すると何が起きるのか』といった背景や将来を語る」(p.129)ことも重要。

「戦略はどんなに情勢が変わってもグラグラしてはいけないものであり、朝令暮改していいのは戦術だけ」(p.133)。

④説明責任を果たす

　未来を話すことで、社内外がワクワクする意思表明を行う。「大事なキーワードだけでも相手に伝わるよう、伝え方を考え」(p.142)る。「『稼ぐ力』のようなキーワードを入れて、言い切る」(同)。

⑤断固、実行する

「『情』より『理』をとれ」(p.147)。PDCAの「PとDが弱い日本人」(p.150)を認識する。

私が新規事業のＶ字回復でやったこと

　私は大企業のトップをしたことはありませんが、新規事業

の立ち上げ（大赤字からのＶ字回復）をした時のことを、前述の５つのステップに沿って説明してみます。

①現状を分析する

担当していた２つの新規事業の売上をそれぞれ因数分解し、それぞれの項目をコントロール可能か不可能かに分類しました。そして、コントロール可能なものの最高値を様々な業界から収集し、我々の数字と比較して、オペレーションを再設計しました。そして、売上計画を大幅に上方修正しました。

②未来を予測する

本業が立ち上がるまでの時間を稼ぐために、短期で売上を上げるための手法を複数準備しました。また、計画していた拠点展開、採用計画をすべて白紙にしました。

③戦略を描く

私たちの新規事業が存在する価値を再定義しました。例えば、成約数を数える単位を「Happiness」に。顧客にとって幸せに繋がっているからです。

④説明責任を果たす

例えば「10,000 Happiness」というキーワードでメッセージを伝えました。これは業界トップクラスの成約数で、幸せを紡ぐこととともに、規模も重要だというメッセージです。

⑤断固、実行する

ＰとＤの間にＤ（Decide：絞る）を加え、ＣＡをSeeにして、PDDSという造語を作り、「よく考え、すぐに絞り、徹底的に実行し、振り返る」を合言葉に。これが G-POP® の原型です。

日立製作所の V 字回復のために
川村さんがしたことの例

● 意思決定者を 13 名から 5 名に減らし、結論を尖らせた。

● 日立製作所本体以外に利益が流れるのを防ぐために、
16 の上場子会社を完全子会社化

● 健全な競争を生むカンパニー制を導入（過去に大手企業
が投入して失敗していたのを改良）。ポイントは「Hitachi
IR Day」。カンパニー長が直接、株主（機関投資家）に説
明責任を持つことで、経営者マインドを醸成

● 社外取締役の「カメラの目」:「約一一〇〇億円のコストを
削減しても、グローバル企業の水準には程遠い。その
現実を突きつけ」(『ザ・ラストマン』p.81) るような人を選ぶ

● 会議では必ず結論を出す。情報不足でも 15 分で決める

☑ 中 尾 の ま と め

　V 字回復についての名著は複数あります。

　大企業の V 字回復については、この本。様々
な事業運営のマネジメントが学べます。

　中堅企業であれば『V字回復の経営 増補改訂
版』（三枝匡／日経ビジネス人文庫）、M&A 先の
業績回復は『日本電産流「V字回復経営」の教科書』
（川勝宣昭／東洋経済新報社）がお勧めです。

7.6 競合商品からのシェア奪還

> 競合商品の
> ヒットによって、自社商品の
> シェアが落ちています。
> 挽回のために多くの施策が現場に
> 下りてきて、手一杯です……

施策の目的もきちんと理解しないまま、実施するだけで手一杯で、その報告のためにも多くの時間を取ってしまっている。

この課題にはこの本！

『**キリンビール
高知支店の奇跡**』

田村 潤／講談社＋α新書

flierに要約があります
（右の2次元バーコードを読み込んでください）

この本から学ぶポイント3つ

01 コンセプトは移植するが、
権限は地域ごとの
リーダーに委譲しよう

02 ブランドは、
メーカーではなく、
顧客のもの

03 勝つための心構え

やったことは「フォーカス＆ディープ」

　著者の田村さんは、キリンビール高知支店に赴任すると、圧倒的に行動量が少ないことに気付きます。しかし、やみくもに指示命令しても効果が見込めません。

　そこで、現場リーダーの自律自転を促し、やることを絞り、会議をなくし、顧客接点との接触量を増やしました。

　行動量を増やしても、最初の３か月ほどは変化が起きません。営業担当も、従来とやることが異なる行動量増加に戸惑いを隠せません。

　ところが、４か月目から少しずつ成果が出始めます。その成果の兆しが見えてきたら、一気呵成（いっきかせい）に攻め込みました。内勤の女性を外勤の営業に投入したのです。やることを絞り、会議を減らしていたので、マンパワーが生み出せたのです。

　また、現場の兆しも見逃しません。桜の花見の宴会後のゴミ箱から、キリンのシェアが、実質は報告よりも少ない２割しかないのを知ります。これにより危機感を共有します。

　まじめに基本的な行動を増やしていると味方が増えてきます。社内でも本部から、同業他社に負けているエリアには特別販促予算を付けてもらえました。その予算でラジオが協力してくれるようになります。飛び込んだ顧客が顧客を紹介してくれるようにもなります。これらがあいまって、徐々に反

転攻勢ができたのです。

横展開と権限委譲のバランスが重要

　著者が凄いのは、高知で成功した方法の**コンセプト（ビジョン、コミットメント、PDCA、現場の自律）は他のエリアに移植するのですが、やり方は現場のリーダーに任せる**ところです。四国4県の責任者になった時は、4県がまったく別の戦略を取りました。そして、どれも成功したのです。リーダーに丸投げしたのではなく、きちんと**エリアとリーダーの能力を見極めていた**からです。

　一般的な管理職であれば、成功モデルに固執することもあると思います。そうしないのが、著者の非凡なところだと思います。

自律自転する人・組織を作ろう

　前述の、**成果が出ない3か月間を待てるかどうか**も、とても重要なポイントです。

　短期で成果が出るはずはないにもかかわらず、短期で成果を求めすぎて、成果が出ないと施策を継続的に実行できないリーダーがたくさんいます。施策を信じて待てるかどうか、現場を信じて待てるかどうかは大きなポイントです。

　私が業績拡大支援をしているフィットネスクラブがあります。フィットネスクラブは、いわゆるサブスクモデルです。

5-7で解説したように、サブスクモデルでは、会員にサービスを定期的に利用してもらい、退会したいと思われないようにすることが重要です。

　しかし、利用回数を増やすための施策をしても、その成果が出るまでにタイムラグがあります。施策をしてもしなくても、例えば3か月目以降にならないと差が出ないのです。

　この3か月は、前述のキリンビールが営業活動量を増やしてから成果が出るまでの期間と同じです。この3か月を待てるかどうかがポイントです。

　集客施策であれば、PRを増やせば、翌月には結果が出ます。すぐに成果がわかるので、退会から手を打つのではなく、入会、つまり集客施策から実施する企業が多い。

　しかし、入会施策は、集客コストやキャンペーンコストなど、多くの資金が必要です。そして、退会率が高いと、これらの資金はすべて無駄になります。

　成果が出るまでに時間がかかる地道な活動こそ、現場主導で自律自転しながらできるかどうかが、とても重要です。

競合商品に勝つための心構え
（『キリンビール高知支店の奇跡』第3章より抜粋）

- **事実をベースに考えつくす**
- **成功体験**
- **営業のイノベーション**

  「イノベーションとは、既存のものや力の組み合わせ方を革新し、社会的価値を実現する行為」(p.176)

- **リーダーシップの確信を支えるもの**

  「まず、ひたすら考えること。そして、未来は予測できないが、創ることができるという思想」(p.176～177)

- **勝ちたいという執念**
- **最少のコストで最大の顧客満足を**
- **チームワーク**

  「ひとりひとり、個人では勝てなくても、チームでならば勝てる。／これが日本企業の勝ちのパターンです」(p.178)

- **量は質に転化する**

  「基本行動を愚直に地道にやっていると、いつかそれが質を生み出してくる」(p.179)

☑ 中尾のまとめ

　この本に描かれているのは、メンバーも取扱商品も変わっていないのに、やることを変えて成果が出た事例です。その後、成功事例に固執せずに、移植すべきところは移植しつつ、地域やリーダーに合わせて権限委譲しているのが秀逸ですね。

> 当社は、以前は
> トップブランドでしたが、
> 新興企業にシェアを
> 奪われています……

新興企業がリリースした商品が、当社の
商品のシェアを奪っている。当社の方が
大きい会社だとはいえ、このままでは、
かつての恐竜のように滅んでしまう。

この課題にはこの本！

『Hit Refresh』
サティア・ナデラ、
グレッグ・ショー、
ジル・トレイシー・ニコルズ／
日経BP

この本から学ぶポイント3つ

01 クリケット人生から学んだ
3原則

02 ミッション実現のための
3つのアンビション

03 企業文化改革で重視した
3つのこと

マイクロソフトを時価総額250兆円企業に

「2008年6月時点で、アマゾンには、クラウド・プラットフォーム向けにアプリケーションやサービスを構築するデベロッパーが18万人いたが、マイクロソフトには、商業的に利用できるクラウド・プラットフォームがまだ存在していなかった」（p.70）。マイクロソフトはクラウド事業で、アマゾンに大きく後れを取っていたのです。

　しかし、3代目CEOのナデラさんは、企業文化改革に取り組み、短期間でマイクロソフトという大企業をクラウドファーストの企業に変革させることを実現しました。

　ナデラさんがCEOに就任した2014年、マイクロソフトの時価総額は40兆円程度でした。しかし、それから8年で250兆円と大幅に増加しました。この本は、その途中の2017年に出版された本です。現役のCEOが在任中にその施策内容を開示するのは極めて珍しいですね。

　様々なリーダーが参考にできる話がたくさん載っていますが、3つのポイントの概要だけ共有しておきます。

①**クリケット人生から学んだ3原則**：「気迫と熱意で立ち向かうこと」（p.58）／「チームを第一に考えなければならない」（p.59）／「リーダーシップがきわめて重要」（p.60）

②**ミッション実現のための3つのアンビション（野心を持っ**

て注力する領域）：「プロダクティビティとビジネスプロセス
を再構築」（p.127）／「インテリジェントなクラウド・プラ
ットフォーム」（p.128）／「革新的なパーソナル・コンピュ
ーティングを実現し、（中略）消費者の意識を（中略）ウィン
ドウズが好きだという意識に」（p.129）

③企業文化改革で重視した3つのこと：「できる限り顧客の
ことを考えた」（p.143）／「積極的にダイバーシティー（多
様性）とインクルージョンを追求」（同）／「マイクロソフ
トは一つの会社（One Microsoft）であって、派閥の集合体で
はない」（p.144）

現場をワクワクさせるのがリーダーの仕事

　この本を読んでいると、「きっと現場の人たちはマイクロ
ソフトの未来にワクワクしただろう」と思います。個性溢れ
る多様なリーダーが経営チームにいて、未来を語っていま
す。そして、アマゾンのAWSに大きく差をつけられていた
マイクロソフトのAzureはシェアを確実に向上させ続け、
AWSの背中が見える位置まで到達しています。

　マイクロソフトと比較すると規模が違いますが、私が29
年間在籍していたリクルートのリーダーも、私たちに未来を
語ってくれました。現在から2代前、2003年にCEOに就
任した柏木斉さんは、2020年にはHR領域（人材領域）でマ

ッチング数No.1、2030年に販促領域（特定の領域と国）で
No.1を目指すと宣言しました。ほぼ国内でしか売上を上げ
ていなかったリクルートが、今後は世界を目指すという話
に、ワクワクしたのを覚えています。

そして、2023年現在は会長で、2012年にCEOに就任し
た峰岸真澄さんは、就任直後に、海外展開の具体策として
M&Aの話をしました。インディードをM&Aして、2020年
にHR領域No.1になるのだ、と具体的な絵を幹部に見せま
した。ワクワクした夢が各論になり、さらに凄いことになる
とドキドキしたのを覚えています。

当時、リクルートグループの海外売上比率は数％しかあり
ませんでした。ところがM&Aにより、それから数年で海外
売上比率が上昇し、今では約半分を占めるに至っています。
そして、2020年にHR領域No.1を実現しました。私は
2018年にリクルートを卒業しましたが、OBとしても誇ら
しく思っています。

ちなみに私は、この本の影響や後押しもあり、リクルート
卒業後はAzureを活用して開発を行うFIXERに副社長とし
て1年3か月就業していました。

急成長に備えて「未来の組織図」を作ろう

急成長を志向するのであれば、必要な中間管理職を調達・
育成する必要があります。その計画を立てるためには、3-1
で紹介した「未来の組織図」を作るのがお勧めです。

マイクロソフトの次期CEOに選ばれた
ナデラが設定した問い

(『Hit Refresh』p.27)

「マイクロソフトの存在理由は何か？　この新たな役職での私の
存在理由は何か？」

☑ 中 尾 の ま と め

　マイクロソフトのケースでは、本
当の意味でのリーダーシップを持っ
ているナデラCEOと多様な個性を
持つ幹部たちが一枚岩の経営ボード
を作れたのが成功のスタートです。
皆さんはそのようなチームを作って
いますか？

7_8 Day100で成果を出す方法

業績悪化で戦略の
再構築が必要な状況です。
３か月で成果を出す戦略の
立て方を教えてください。

市場環境の変化により、従来の成功体験
に固執していた前リーダーは結果を出せ
なくなり、新リーダーに交代した。新し
い戦略で、早急に成果を出す必要がある。

この課題にはこの本！

『P&G式
「勝つために戦う」戦略』

A・G・ラフリー、
ロジャー・L・マーティン／
朝日新聞出版

flierに要約があります
（右の2次元バーコードを読み込んでください）

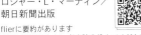

この本から学ぶポイント3つ

01 顧客を創造するために、
顧客を中心に置こう

02 アサーティブ・
インクワイアリ
（他者を受け入れながら
自分の主張をする）

03 勝てる戦略の6つの証拠

5つの質問をして、6つの証拠を確認しよう

　P&Gには、ずっとイケてる会社というイメージを持っていました。しかし、ダメなタイミングがあったのです。危機に陥った P&G は CEO 交代をきっかけに変革を断行し、その CEO の在任中に売上を2倍に、利益を4倍にしました。

　この本は、企業復活の秘訣を、その CEO とマイケル・ポーターやピーター・ドラッカーなどの経営学者が明らかにしたものです。経営学の大家の2人が具体的に影響を及ぼしたようです。

　この本において「戦略」とは、「**ある企業を業界において独自のポジションに位置付け、それによって、競争相手に対して、持続可能な優位性やより優れた価値を生み出すもの**」（p.14）という定義です。そして、自社について次の5つの質問をするように言います。

①どんな勝利を望んでいるのか？
②どこで戦うか？
③どうやって勝つか？
④どんな能力が必要か？
⑤どんな経営システムが必要か？

　⑤には、いわゆるシステムだけではなく、経営会議なども含まれています。これを準備していない、あるいは重要度を

理解していない企業が多いと言います。わかる気がします。

そして、戦略を立案した後に、「勝てる戦略の6つの証拠」（p.241〜242）でその有効性を確認します。

①競争企業と似ても似つかない活動システムを持っている
②あなたに絶対の信頼を置く顧客がいる一方で、肩入れしない非顧客がいる
③競争相手が、彼らなりのやり方で高収益を得ている
④競争相手以上に継続的に投下できる経営資源がある
⑤競争相手同士が、あなたをよそに攻撃し合っている
⑥消費者が新技術、新製品、サービス向上を求める際に、真っ先にあなたに目を向けている

この本には、これ以外にも、勝つためのTipsが様々載っています。

スーモカウンターで「5つの質問」に答えてみる

私が担当したスーモカウンターの戦略立案時には、結果として、この5つの問いを作成していたようです。

①高い目標≒業界トップになることを選択し、メンバーのエネルギーを集めることに成功しました。
②一般の不動産会社が扱わない注文住宅と新築マンションにフォーカスしました。ブルーオーシャンとも言えました。

③3社以上紹介することにフォーカスしました。比較検討できるようにです。

④ホスピタリティ、コミュニケーション力

⑤顧客、ユーザー、アドバイザーの活動を一元管理できるシステムを構築。すべての経営情報や判断を全従業員に開示。

　以上のように、原則を外していなかったおかげで、スーモカウンターは6年間で売上30倍、店舗12倍、人員5倍と、売上急拡大と同時に生産性の向上も実現できたようです。

転職先への入社前から戦略を立てていたP&G出身者

　この本は、P&G出身で、現在はグローバル企業のCxOをしている方からの紹介で手に取りました。その方も当時の上司から「異動時にはDay0、30、100を意識するように」というアドバイスを受けていたそうです。

　その方は、CxOに就任する企業へ入社する3か月前から、同社のOBや子会社の社員など、様々な人たちとコミュニケーションを取りました。多い時は1日に10人以上とテレビ会議を行い、意見収集に努めたのです。その結果、様々な課題を立体的に把握することができました。そして、Day0で所信表明をすると同時に、改革プロジェクトの立ち上げを発表し、その数日後には人員も確定。1週間で「戦う布陣」を確定したのです。このスピード感が、P&G、あるいはこの本から学ぶべきことの1つだと感じました。

「勝利の定義」は
金銭ではなく、顧客で

●スターバックス

顧客ごとに、一杯の飲み物ごとに、店舗の進出地域ごとに、人間的精神を鼓舞し、育むこと

●ナイキ

すべてのアスリートにインスピレーションとイノベーションをもたらす

●マクドナルド

顧客が一番好きな店であり、食事の方法であること

リクルートでも、大成長した事業は、顧客から考え直していました。

☑ 中尾のまとめ

この本の中に「優秀な店員は、CEOと同じく、制約や不確実性の下で最善の選択をしなければならない」(p.32)とあります。戦略は組織のあらゆる段階で使われるのです。戦略は一部の人ではなく全従業員のものなのです。

メインの事業が継続できなくなりそうです。いったい、どうすれば良いのか……

産業廃棄物処理業をしているが、近くの畑で採れた野菜から検出されたダイオキシンの発生源だというバッシングを受け、このまま事業を続けることができない状況に……

この課題にはこの本！

『五感経営』
石坂典子／日経 BP

この本から学ぶポイント3つ

01 経営の教科書に載っている正しいことをやり続けよう

02 値決めは経営（第3章）

03 自分で考える従業員を増やそう（第4章）

「ダイオキシンの発生源」という汚名を着せられて

この本の著者は、「年輪経営」で有名な伊那食品工業最高顧問の塚越寛さんや星野リゾート代表の星野佳路さんが絶賛している経営者です。この本を読むと、その理由がよくわかります。

著者が社長を務める石坂産業は産業廃棄物処理会社で、同業者が軒を連ねる「産廃銀座」とも呼ばれた地域にあります。その産廃銀座の焼却炉から出たダイオキシンが野菜（本当はお茶の葉でした）から検出されたという報道をきっかけに、野菜農家は大きな風評被害を受け、石坂産業は農家から大批判を受けました。県などの自治体からも、移転するのであれば補助金を出すという話がありました。

多くの同業社が移転を選択する中で、著者は「社長をしたい」と父親に申し出ます。30歳のころです。もともとはネイルサロンを始めたくて、その資金を貯めるために入った父親の会社です。しかし、自分がやらないでどうするのだと、手を挙げたのです。そして、**売上の7割を占めていた産廃焼却事業をやめて、建設現場で発生する解体資材の減量化とリサイクルに特化する**ことを決めます。地元に求められていない事業はやめると決めたのです。

屋内型プラントを建設し、並行して、社員の意識改革も行いました。また、敷地の9割を占める山林で里山を再生し、今では地元の人気企業になっています。

ステークホルダーを大事にしないと存続できない

　石坂産業は、地域から出て行って欲しいと言われていたのが、今では共生しています。**企業運営のステークホルダーとして地域も組み込んでいる**と言えます。

　2000年ごろに「企業は誰のものか」という議論が日本でも盛んにされていました。企業は株主、従業員、顧客のうちの誰を大事にすれば良いのか、という話です。

　今では「企業は株主のものである」と当たり前のように語られています。しかし、そうなったのは、アメリカの投資会社が企業経営者に（ある意味）強要したことがきっかけです。その議論がタイムラグで日本にもやってきたのです。

　当時、私はスタートアップの企業経営者100人にインタビューをしていました。その最後に必ず「企業は誰のものか」と聞いていました。その答えは、顧客、従業員、株主という具合に分かれていました。しかし、3-2でも述べたように、数名だけが「質問自体が間違っている」と回答しました。彼らの回答は、「すべてだ」というものでした。正確には、「**タイミングによって優先順位は変わるけれど、どのステークホルダーも不満にしてはいけない**」というものでした。例えば、従業員が満足していなければ、良い仕事をしない。その結果、顧客も満足せず、売上が上がらず、結局、収益が上がらず、株主も満足しない。「確かに理屈上はそうだ」と思ったのを覚えています。

　この100社がどうなったのかを数年後に調べてみると、「全部だ」と言った会社だけが大きく業績を伸ばしていました。

　当時の私は視野が限られていたので、ステークホルダーとして株主、従業員、顧客だけを考えていましたが、さらに地域や業界、社会なども含まれます。これらは現在のSDGsなどの考え方に繋がっているのです。ステークホルダーを大事にしない企業は、今後、存続できません。

売上の過半を占める事業をやめた Unipos

「売上の7割を占める事業を畳めるだろうか」と自問自答してみてください。これはかなり経営者の胆力がいる話です。石坂産業のケースは、そのままの形で事業を継続することは不可能でしたが、**新規事業に集中するために祖業をやめるという判断をした上場企業もあります**。創業時の社名はFringe81。現在の社名はUniposです。

　同社の祖業はデジタル広告事業でしたが、新規事業として、現在社名になっているUniposを始めました。社内の感謝を見える形にして交換し交流させるユニークなサービスです。

　順調にUniposの取引者数は増えていき、デジタル広告事業も伸びていました。ところが、祖業のデジタル広告をやめて、事業をUniposに絞るという大きな決断をしました。Uniposを広げることができるのは同社だけだからです。

　このような判断ができる、胆力のあるリーダーもいるのです。

石坂社長が選択したこと

①父の会社を継ぐ
②売上の7割を占める産廃焼却事業をやめる
③従来、売上構成比率が小さかった事業に集中する
④自律する従業員を育成する
⑤地域と共生する

石坂社長が
選択しなかったこと

①ネイルサロンを始める
②産廃焼却事業を続ける
③移転する

☑ 中尾のまとめ

　この本を読むと、どのような環境に追い込まれたとしても、リーダーが強い意志を持って、あきらめずに、正しい戦略で立ち向かえば、なんとかなるのではないかと元気が出ます。

7_10 どんな環境下でも成長する会社の作り方

> 環境変化が激しいですが、
> それに翻弄されない
> 事業運営をするには、どうすれば
> 良いのでしょうか?

日本を代表するような大企業でも、昨今の環境変化の影響を受けて業績低迷、ひどい場合は倒産や企業分割の危機に陥っている。一方で、景気や環境変化をものともせずに成長している企業もある。どこが違うのか知りたい。

この課題にはこの本!

この本から学ぶポイント3つ

01 新製品の売上比率を50%にする仕組み(毎週のプレゼン会議)

02 マスクの20倍増産ができた仕組み(設備稼働率70%以下)

03 情報と決裁の見える化

『いかなる時代環境でも利益を出す仕組み』
大山健太郎/日経BP

325

新製品を生み出し、OJTにもなる「プレゼン会議」

著者が会長を務めるアイリスオーヤマは、新製品の売上比率を50%以上に設定しています。それを実現するために経常利益の50%を投資に回すように決めています。

新製品の売行きは容易に予想ができません。急にニーズが拡大した時に、一気に生産ができれば大きな売上、利益が見込めます。そのために設備の稼働率を70%にし、余力を持たせています。さらに、工場を分散させ、トラブルへの対応も万全です。

通常であれば、できる限り稼働率を高め、1つの工場に集約するのが生産性向上の基本です。30%も余力を持たせて、しかも分散しているとは驚きです。しかも、かなりの部分、例えばビスまで内製しているのです。**内製比率が高く、設備に余力があるので、急な増産にも対応できる**のです。

新型インフルエンザが流行した2009年の年末のマスクの生産量は、実に同年初めの20倍です。そしてコロナ禍で一気にトップシェアに躍り出ました。

これだけでは、新製品を開発し続けることはできません。そこで、もう1つの仕組み、毎週全幹部、関係者が出席必須で実施している「プレゼン会議」です。事前に情報を見える化し、個別の根回しもせずに、**その場のわずか5〜10分間で社長が決裁**していきます。これが新製品売上比率50%を

生み出す仕組みです。

　その場で決裁の理由も明らかにするので、次の経営者のOJTにもなります。だから、「この会議は事業承継の仕組みでもあるのです」（p.68）。著者から息子の晃弘さんへの社長交代はスムーズに進みました。

　私もリクルートのスーモカウンター時代に、新規出店のために類似の会議をしていました。毎週１回、幹部と新規出店責任者が集まり、次々に決裁をする会議です。常時５〜10の出店を準備していて、１案件５〜10分で決裁をし続けます。そこで新規出店責任者と幹部へのOJTをしていました。この会議のおかげで想定以上に新店展開と幹部育成ができました。

「情報公開」と「根回しをしないこと」の重要性

　アイリスオーヤマでは情報公開も進んでいます。そして、前述のように、根回しせずに公開の場でプレゼンをします。情報公開と根回しをしないことは、セットでとても重要なポイントです。

　昨今、1on1をしている企業で、その弊害を聞くことがあります。その１つは、**重要な相談を会議ではなく1on1でする人たちが出てくること。**これは特定の人だけしか知らない閉じた情報交換であり、ある意味、根回しです。

　決裁者との1on1での相談が決裁の標準形になると、多く

の人たちが決裁者との1on1を求めるようになります。その結果、決裁者の有限な時間が1on1に侵食されます。そして、そこで話されたことを関係者と共有する時間が別途必要になります。そして何よりも、決裁会議では承認が前提になり、形骸化します。決裁をする会議は重要な会議であることがほとんどです。その**決裁会議が形骸化すると、参加者は形式だけ参加するようになっていき、しかも決裁者と起案者の真剣勝負を見ることができなくなって、OJTもできなくなります。**

さらに、重要な会議が形骸化すると、他の会議も同様に形骸化し、根回し文化が跋扈します。弊害だらけです。たかが情報公開ですが、これができると組織力が高まります。

仕組みは静的ではなく動的なもの

仕組みやマニュアルの話をすると「型にはまった仕事をすると創造性がなくなる」と訳知り顔で否定する人がいます。そのような人はレベルの高い仕組みやマニュアルで働いたことがないことが大半です。レベルの高い仕組みは、静的ではなく、動的です。高い頻度で仕組みが変わっていくのです。例えば何度か取り上げているスーモカウンターの業務マニュアルは、毎月更新されていました。

マニュアルは守破離の守、つまり基本にあたります。**基本を守り、その基本を破る、つまり進化させて、それをまた基本である守にすることが、本当のマニュアルのポイントです。**

大山健太郎さんの15の選択
（『いかなる時代環境でも利益を出す仕組み』の見出し）

❶「環境変化に対応する」か「環境を自ら変革する」か

❷フォーカスするのは「買う人」か「使う人」か

❸KPIの目的は「業績向上」か「新陳代謝」か

❹開発は「リレー型」か「伴走型」か

❺「自社の強みに絞る」か「自社の強みを絞らない」か

❻強みは「固有の技術」か「固有の仕組み」か

❼上げたいのは「稼働率」か「瞬発力」か

❽瞬発力があるのは「身軽な外注」か「柔軟な内製」か

❾「選択と集中」か「選択と分散」か

❿「短期の効率」か「中期の効率」か

⓫社長にとって「いい会社」か社員にとって「いい会社」か

⓬経営情報を「独占する」か「共有する」か

⓭組織内に「ヌシがいる」か「ヌシがいない」か

⓮PDCAの要所は「PLAN」か「ACTION」か

⓯業界は「守るべきもの」か「壊すべきもの」か

☑ 中尾のまとめ

　仕組みにより進化しているのはアイリスオーヤマだけではありません。『無印良品は、仕組みが9割』（松井忠三／KADOKAWA）や『ワークマンは 商品を変えずに売り方を変えただけで なぜ2倍売れたのか』（酒井大輔／日経BP）などでも仕組みやマニュアルの重要性が学べます。お勧めです。

これまできちんと
経営を学ばずに来ましたが、
我流の経営には限界を感じています。
経営を基礎から学ぶのに
良い本はありますか?

今までKKD(勘と経験と度胸)で経営をしていた。しかし、さらなる事業展開にあたり、我流の経営では限界があると考えている。

この課題にはこの本!

『**プロフェッショナル
マネジャー**』

ハロルド・ジェニーン、
アルヴィン・モスコー/
プレジデント社

flierに要約があります
(右の2次元バーコードを読み込んでください)

この本から学ぶポイント **3**つ

01 経営者とは実績をもたらす
人間のことである

02 ゴールから考えよう

03 やろう!

マネジメントを学ぶ古典

「古典的な理論の中にこそ、経営に役立つメッセージがあると実感している」。これは星野リゾートの星野佳路代表の著書『星野リゾートの教科書』（日経BP）にある言葉です。星野代表は、ビジネス書の古典に書かれていることをベースにマネジメントをされていることで有名です。

　ここで取り上げた『プロフェッショナルマネジャー』は1985年刊行のものを復刊したもので、「はじめに」と「付録」を、この本を推薦しているファーストリテイリング会長兼社長の柳井正さんが書かれています。

「なるほど」と目から鱗

　私がこの本を読んで、「なるほどその通りだ」と思った内容は、経営とは誓ったことを必ず実現すること／金のなる木だと言われて、利益を取られる事業が頑張るわけがない／経営チームは業績というただ1つの基準で評価される／ゴールから考える。ゴールを設定すればすべきことが明らかになる／現場に行き、顔と顔を付き合わせて処理しなさい／ビジネスで成功したければ、その場所で上位20％に入りなさい／危機は一夜にして生じない。長い間、隠蔽され、悪化するまで放置された結果なのだ／数字によってごまかすのは、言葉でやるのと同じくらい容易だ／事実をチェックする。それ以上に重要なことはない／経営者とは実績をもたらす人間の

ことである／真実こそ、良い経営の核心をなす／やろう！

　同じく、「これは気付かなかった。目から鱗だ」と思った内容は、セオリーなんかで経営はできない／コンサートに出たければ、古びたピアノで練習してはダメだ／見解の相違は、組織にとって本当の害にはならない／唯一の本当の間違いは、間違いを犯すことを恐れることである／新しいアイデアは、会議の終わりかけに生まれてくる／ビジネススクール出身者は、同じ結論に同時に到達する。それを実行しても功を奏さない／企業家精神とは、他人が気付かない何かを自分だけが知り得るということ。

　これ以外にも多くの学びが得られます。

マネジャーとは“実績をもたらす人間”だ

　「マネジャーとは“実績をもたらす人間”だ」（p.308）。メンバーの立場から考えると、本当にそうですよね。

　私は自分自身への過信によりしくじったことがあります。新規事業を担当した際のことです。

　担当する前、私は本社でその新規事業を含めた事業を監査する立場でした。年度末の経営会議で、その新規事業の事業計画承認の場がありました。私１人、「その事業計画は無謀であり、実現できない」と反対しました。しかし、事業担当の取締役と新規事業の責任者が責任を負うという話をしたので、今までの２人の実績から、意見を下げざるをえませんでした。正直に言うと、実際にやるのは私ではなく２人なので、

「やれると言うのであれば任せよう」というのが本心でした。

　ところが、新年度の人事異動で、その新規事業を私が担当することになりました。さっそく新規事業の幹部を集めて合宿をしました。もしかすると私が気付いていない秘策が何かあるのかも、と考えたからです。ところが、わかったことは、この事業計画は達成できないということでした。

　その瞬間、私はマネジャーではなく、一企画担当者になりさがってしまいました。マネジャーであれば、実績をもたらすのが責任です。ところが私は、達成できないことに気付いた自分の賢さを1秒でも早くひけらかしたいという誘惑に勝てませんでした。そこで、深く考えることもなく、事業計画に7掛けして、危険率を7掛けして、$0.7 \times 0.7 =$ 約0.5、つまり目標を5割にする修正計画を立てて承認を得ました。有頂天だったのを覚えています。

　しかし、この0.7に根拠はありません。あと2週間ほどかけて数値を詳細化すれば、5割ではなく、3〜4割しか行かないことがわかったはずです。私は1秒でも早く自分の賢さをひけらかしたいという欲に負けて、精緻化を怠ったのです。

　その年度の結果は当初計画の3.5割。修正計画からも7割と惨憺たるものになりました。その結果、メンバーも含めて賞与の評価が下がってしまいました。配下メンバーを集めたキックオフミーティングで、私は失敗を謝罪しました。その時です。「マネジャーとは"実績をもたらす人間"だ」の本当の意味を理解しました。

数多くの金言が学べる

「プロフェッショナル・マネジメントという最高の芸術は、"本当の事実"をそれ以外のものから"嗅ぎ分ける"能力と、さらには現在手もとにあるものが、"揺るがすことができない事実"であることを確認するひたむきさと、知的好奇心と、根性と、必要な場合には無作法さをもそなえていることを要求する」(『プロフェッショナルマネジャー』p.109)

「マネジメントは目標を達成したか、しなかったかのどちらかだ。別の言い方をすれば、経営したかしなかったかのどちらかである。私の目から見れば、他はすべて無意味だ」
(同 p.125〜126)

☑ 中尾のまとめ

　色々なタイプの経営者がいますが、この本の著者であるジェニーンは58四半期も増益をし続けました。どんな状況でも年に10〜15％増やすことを目標としていたそうです。このような企業を目指したいものです。

第 **8** 章

お金の
課題を解決する 3 冊

> 大金持ちになりたい
> わけではないですが、少しは
> お金持ちになりたいです。

お金がないことで、やりたいことができないのは嫌だ。今の日本では、両親の世代よりもお金持ちになれるイメージが湧かない。お金を増やすための原理原則はないだろうか。

この課題にはこの本!

多くの成功者が読んでいた!
伝説の億万長者が明かす、
お金と人生の真実

本多静六
私の財産告白

日本人必読の名著!

「誰もがわかっている、誰もが知っている
ごく当たり前のことしか本多静六は語っていない。
しかし、だからこそ、これが'精緻なパンチなのだ」

反響
続々!

実業之日本社文庫

岡本吏郎氏（本書「解説」より）

『私の財産告白』
本多静六／実業之日本社文庫

この本から学ぶポイント **3**つ

01 お釈迦様が説き、二宮尊徳なども奨励してきた貯金法（分度法）

02 問題は実行するかどうか

03 投機ではなく投資をしよう

月給の4分の1を投資して莫大な財産を築いた

　大学教授をしながら莫大な財産を築いた本多静六さんは、薄給のころから月給の4分の1を貯金し、ボーナスや臨時給も貯金して、その貯金を投資することで資産を大きくしていきました。東京大学農学部助教授になった時に、「一ヵ月五十八円の給料袋から、いきなり四分の一の十四円五十銭也を引き抜いて貯金してしまう。そうして、その残りの四十三円五十銭で一家九人の生活をつづけることにした」（p.19）といいます（大学助教授になるとたくさんの親戚が居候してきた）。

　この方法は本多さんの発明ではありません。「二千五百年も昔にお釈迦様が御経の中でも説いておいでた。江戸時代でも松平楽翁公や二宮尊徳翁、その他幾多の先輩が奨励してきた貯金法（分度法）と一致している」（p.20）ということです。

　ドイツ留学時に師事したブレンタノ博士に、本多さんはこう言われたそうです。

「財産を作ることの根幹は、やはり勤倹貯蓄だ。これなしには、どんなに小さくとも、財産と名のつくほどのものはこしらえられない。さて、その貯金がある程度の額に達したら、他の有利な事業に投資するがよい。貯金を貯金のままにしておいては知れたものである」（p.25）

　本多さんが投資したのは、株式と、専門が林学だったこともあり、秩父の山奥の山林でした。**株式投資では、どのようになったら売るのか、損切りするのかルールを決めて、それ**

に合わせて運用していました。

　本多さんは 25 歳でこの分度法を始めて「十五年目の四十歳になったときには、大学の俸給よりは、貯金の利子や、株式配当のほうがズッと多くなり、さらに三十年過ぎた六十に近い頃には、数百万円の貯金、株式、家屋等のほかに、田畑、山林一万余町歩、別荘地住宅六ヵ所」（p.33 ～ 34）を持つまでになっていました。

　そして、それらの財産を定年時に匿名で寄附しました。

幸せになるためには時間の使い方を変えよう

　私はリクルートワークス研究所の副所長をしている時に幸福について考えたことがあります。幸せとは、「やりたいことをやりたい時にやりたい人とできること」だと思います。

　もちろん、やりたいことは人それぞれ。やりたいタイミングも人それぞれです。やりたい人も、パートナーであったり、家族であったり、友人であったり、仲間であったりと、人それぞれです。ただし、**やりたいことには旬があります。**

　幸せを日々実現するには、いくつかの制約条件（ボトルネック）があります。やりたい内容によりますが、健康であることは大事。そして、時間。お金も避けて通れません。やりたい人とやるためには、一緒にやる相手の「やりたい」も重要。そう考えると、「やりたいことをやりたい時にやりたい人とする」ためには、健康、時間、お金、人との関係性が重要なことがわかります。

　これらを良い状態にするには、**時間の使い方を変えるのが
ポイント**です。健康のために使う時間を増やす。お金を増や
すことを考える時間を増やす。一緒にやりたい人と過ごす時
間を増やす。すべてタイムラグがありますから、何かを始め
てもすぐに健康になったりするわけではありませんが、でも
始めないと何も変わりません。**少しずつでも時間を有効に使
うことで、少しずつ少しずつ変わっていきます。**

私がやってきた資産形成法

　リクルート入社当時、時はバブル景気真っ最中でした。お
金があれば使ってしまうと考え、給料を4つに分割して、
固定額で株式に投資し、固定額を2つの使わない銀行預金
に入れ、残りを生活のための銀行預金に入れていました。

　しかし、生活費が足りなくなると、使わない銀行預金のう
ち1つを切り崩し、さらに足りなくなるともう1つも切り
崩していました。さらに厳しくなると、株式も切り崩しまし
た。また、賞与や臨時給は、まるまる使ってしまっていまし
た。本多さんはどんなに厳しい状態でも貯蓄分は使わなかっ
たそうですが、私はそこまでできませんでした。

　さらに、本多さんは固定額ではなく、固定比率で投資をし
たので、給料が上がるに従い、貯金額や株式への投資額が増
えていきました。私は固定額、それも少額でした。だから成
果は大きく違います。それでも、若い時から貯めていたおか
げで、少しはお金の制約がなくなっています。

本多静六さんのプロフィール
『私の財産告白』より

1866（慶応2）年、埼玉県菖蒲町（当時は河原井村）生まれ。苦学の末、84（明治17）年に東京山林学校（のちの東京農科大学、現在の東大農学部）に入学。一度は落第するも猛勉強して首席で卒業。その後、ドイツに私費留学してミュンヘン大学で国家経済学博士号を得る。

1892（明治25）年、東京農科大学の助教授となり、「4分の1天引き貯金」と1日1頁の原稿執筆を開始。1900年には教授に昇任し、研究生活のかたわら植林・造園・産業振興など多方面で活躍するだけでなく、独自の蓄財投資法と生活哲学を実践して莫大な財産を築く。

1927（昭和2）年の定年退官を期に、全財産を匿名で寄付。その後も「人生即努力、努力即幸福」のモットーのもと、戦中戦後を通じて働学併進の簡素生活を続け、370冊余りの著作を残した。

1952（昭和27）年1月、85歳で逝去。

☑ 中尾のまとめ

毎月定期的に貯金をして、ある程度まで貯まったら、それを株式、不動産などへの投資で運用する。ただし、**投機ではなく投資を行うこと**。そして、売買のルールをきちんと持ってそれを実行することが重要です。

82 お金とは何か

本来、発注者も受注者も対等なはずです。なぜ、発注者が偉そうにしているのでしょうか!?

考えてみれば、発注者と受注者が交換している「お金」と「サービスや物」は等価なはずなので、関係性に上下はないはず。なのに、なぜ受注者が発注者を接待したりしないといけないのか。

この課題にはこの本!

エンデの遺言
根源からお金を問うこと

河邑厚徳＋グループ現代

+α

『エンデの遺言』
河邑厚徳、グループ現代／
講談社＋α文庫

この本から学ぶポイント3つ

01 お金には利子が付き、
物やサービスは減価する

02 人間が作ったお金は、
変えることができる

03 時とともに減価するお金が
不公平の解決法の
1つかもしれない

なぜお金を持っている方が偉いのか

　商売をする際にサービスや物とお金を交換する。本来、この2つは等価であるはず。だから商売が成立する。ところが、発注者（買い手）の方が受注者（売り手）よりも上の立場に見えることが多い。これはどうしてなのでしょう。

　この本は、お金とサービスや物の根源的な違いについて教えてくれます。私はそんなことを考えたことがなかったので、この本を読んで「目から鱗」状態になりました。

　お金とサービスや物を時系列で比較してみると、その違いがわかります。**すべてのサービスや物は、時間の経過とともに減価します**。つまり価値が下がっていくのです。例えば、一般的な住宅は時間が経つと安くなります。生ものであればなおさらです。スーパーマーケットなどで、夕方から値引きされているのは、減価しているからです。

　一方、お金はどうでしょうか。**お金だけは、サービスや物と異なり、時間の経過とともに価値が増えます**。利子がもらえるのです。

　本来、交換した瞬間は等価だったお金とサービスや物は、時間が経つと、お金は価値が増え、サービスや物は価値が減る。時間の経過とともに差が出てくるのです。だから、お金を持っている発注者の方が、サービスや物を提供する受注者

よりも強いのです。

金融版「オストワルド成長」が起きている

　私は大学時代に材料物性工学を学んでいました。

　材料物性工学で、オストワルド成長と呼ばれる状態があります。ある温度の時、ある大きさ（オストワルド半径）以上の粒子は、それ以下の粒子を飲み込んでいくというものです。

　今、アメリカなどでは、一部のお金持ちが、どんどんお金持ちになっています。まさにオストワルド成長が起きています。

　オストワルド成長は物理の法則です。避けようがありません。しかもアメリカでは、トマ・ピケティが『21世紀の資本』（みすず書房）で示した「r ＞ g」が、人工的に強化されています。

　r は資本収益率。資本（≒お金）を持っている人が、年にどの程度資本を増やしているのかを表しています。18世紀にまで遡ってデータを見ていると、r は約5％です。

　g は経済成長率。これは年に1～2％です。

「r ＞ g」は、資本を持っている人が資産運用で得る富の方が、労働によって得られる富よりも多いということを表しています。少し乱暴に言うと、**「裕福な人（資産を多く持っている人）はより裕福になり、労働でしか富を得られない人は相対的にいつまでも裕福になれない」** ということです。

そして、富裕層の資産は子どもに相続され、その子どもはさらに資産運用で富を得続けることができます。

アメリカでは、様々な法律やルールを、（大金持ちか、大組織でないとできない）ロビイング活動などにより、合法的に変更しており、人工的に金融版のオストワルド成長が加速するようにしています。

例えば、アメリカにも相続税はありますが、控除額が徐々に増えてきて、1,170万ドルまで控除できます。

どうすれば不公平を減らせる可能性があるのか

絶対に不公平を減らせる回答はありません。しかし、「**減価する地域通貨**」にその可能性がありそうです。

一定期間ごとに、少しずつ減価する地域貨幣を流通させている地域があります。例えば、1万円の価値がある紙幣を、1週間ごとに10円ずつ減価させるのです。具体的な方法の1つは、一定期間ごとにシールを購入して裏に貼るというものです。そのシールが貼られていない地域通貨は使えません。その結果、早めに使おうというインセンティブが働きます。お金が貯められずに動き出すのです。

ヨーロッパやアメリカでは、これをきっかけに町が復活した例が複数あるようです（中央銀行が規制をして、数年でやめた例もあるようです）。

ミヒャエル・エンデの
日本人への遺言

● 「お金は人間がつくったものです。変えることができる
はずです」（『エンデの遺言』p.61）

● 「第一次世界大戦後、レーテ共和国時代のバイエルンに
シルビオ・ゲゼルという人物がいて、『お金は老化しな
ければならない』というテーゼを述べています。（中略）
このゲゼルの理論を実践し、成功した例があります」
（同 p.49 ～ 50）

● 「老化するお金という概念が私の本『モモ』の背景にある」
（経済学者ヴェルナー・オンケンへの手紙より／同 p.67）

☑ 中 尾 の ま と め

お金に利子が付くのは当たり前。で
も、それが悪循環のきっかけの1つ
になっていると気付かされる本です。

いつもお金に追われている気がします。なんとかならないでしょうか?

一生懸命に働くことは尊い。ところが、一生懸命働いているのに、なぜかいつもお金に追われている気がする。投資などはリスクが高いと考え貯金をしているが、この低金利ではまったく増えない。

この課題にはこの本!

『改訂版 金持ち父さん 貧乏父さん』
ロバート・キヨサキ/筑摩書房

この本から学ぶポイント 3つ

01 資産がお金を生み出す仕組みを作ろう

02 最終的にはビジネスオーナーか投資家になろう

03 行動すること、時間の使い方を変えることが重要

「金持ち父さん」と「貧乏父さん」の違い

　貧乏父さんは、まじめに勉強し、いわゆる良い会社に就職し、さらに一生懸命働き続けたおかげで、高収入を得ることができています。しかし、給料が入っても、住宅や自動車のローン、さらに生活費、あるいは家族が購入したいものなどのためにあっという間に消えていきます。**貧乏父さんがお金を使っている対象は、新たなお金を生まない単なる消費にすぎません。**

　一方の**金持ち父さんは、新たにお金を生む資産にお金を使います。**その結果、金持ち父さんは、経済的自由を手に入れることができ、自分の人生を自分でコントロールすることができます。

　貧乏父さんは、ラットレース（お金の奴隷であり、お金のために働く状態）から抜け出せず、自分の人生にもかかわらず、自分の人生の操縦桿を他人に委ねた状態になっています。

　両者の違いは、お金に関する知識、リテラシーの有無です。
　キャッシュフローを生む方法は、4つに分類することができます。①従業員、②ビジネスオーナー、③投資家、④自営業者です。著者のロバート・キヨサキさんは、このうち「**ビジネスオーナー**」と「**投資家**」は他力で稼ぐことができ、自分で働かなくとも収入を得ることができるので、**経済的に自由になれる**と主張しています。

貧乏父さんは、いかに高収入を得ているとしても、自力で働いてキャッシュフローを生み出す従業員であり、金持ち父さんは、他人やお金という他力で稼ぐことができるということです。

働くだけで豊かになれたのは一時期の「幻想」

かつて、経済成長期の日本では、まじめに働くと給料がどんどん増えました。1970 ～ 80 年代までです。まじめに働くと自宅が購入でき（この本では、自宅はお金を生まないので負債であり、資産ではないと言っていますが）、子どもたちに十分な教育投資ができる時代があったのです。これは日本だけではありません。アメリカにも、同様の厚い中間層がいる時代がありました。しかしこれは、ほんの一時期の一部の国で起きた幻想にすぎなかったようです。

8-2 でも取り上げたように、トマ・ピケティは『21 世紀の資本』で「ｒ＞ｇ」という式を示しています。**労働でしか富を得られない人は、相対的に裕福になれない**のです。

資産を働かせよう

『21世紀の資本』に触れたのは、この本に書かれていることと『金持ち父さん 貧乏父さん』に書かれていることに多くの共通点があるからです。

既に資産がある人は問題ありませんが、一般的なビジネスパーソンはどうすれば良いのか。単純に考えれば、資産運用

を開始すれば良いということになります。そして、できるだけ早くから資産運用をするための原資作りを始めるのが鉄則です。8-1で取り上げた本多静六さんの四分法を参考に給料の一部を貯金しても良いし、昨今多くの企業でOKになった副業を始めて、その収入を貯金しても良いでしょう。

　しかし、現在の収入では資産運用の原資を蓄積するのに足りないという人も少なくないでしょう。その人たちに、トマ・ピケティもロバート・キヨサキも類似のアドバイスをしているのです。それは、**自身の知的資産を含めたあらゆる資産を総動員する**ことです。それらがいずれキャッシュ化し、収益化するはずです。例えばその人が持っているノウハウや人脈、あるいは知識など、自身の価値を高められるものを広義の資産と考えれば、それら資産を活用して収益が得られるということです。これらの資産を磨くことで、昇給したり、副業などで収益を得られるチャンスが高まります。つまり、**自分自身を資産だと考え、その資産価値を高めることで、最終的に起業し、ビジネスオーナーになるという選択肢も出てくる**わけです。

　そのためには、（自分自身を含めた）資産から収益を得るための最初の一歩を踏み出すことが重要。具体的には8-1で述べたように、まず「時間の使い方」を変えるのがポイントです。**無為（むい）に使っている時間があれば、自己投資のために使うことから始めてみてはいかがですか。**

金持ち父さん

自分自身も資産だと捉えて自己投資をし、
自分の資産価値を高め、
収入を増やすことで、資産を作る。
そのためには、時間の使い方を変えること

貧乏父さん

自分自身の労働だけで収入を得る

☑ 中尾のまとめ

　自分自身の労働だけで収入を得るのではなく、資産にお金を稼いでもらう方法を考えることが重要です。そのための第一歩として、自分自身を資産と捉えて、自己投資のために時間を使い始めるというのも有効です。

おわりに

　最後までお付き合いいただき、ありがとうございました。

　ここでは、この本を書くきっかけ、この本の企画が生まれた「中尾の頭の中」のBot化プロジェクトについて、記録として残しておきたいと思います。
　もう少しだけお付き合いください。

この本を書いたきっかけ

　この本を書いたきっかけは、この本の編集者であるPHP研究所の岸さんとの出会いでした。PHP研究所から別件で取材を受けた際に、取材者と一緒に岸さんがZoomに参加されていたのです。

　そして、取材が終わった後に私に質問をしました。「中尾さん、次はどのような本を書きたいのですか？　良かったらPHPで書きませんか？」というものでした。2022年4月ごろのことだったと思います。

　私は、直前に2冊の本を書き終えた直後で、正直、次の本のことを考えていませんでした。

　しかし、私は、常日頃、本を書くのが趣味であり、大好きだと公言しています。そう言っているのに、次の本のネタがないとは、言行不一致、あまりにかっこ悪いと思いました。

そして、岸さんの問いかけをきっかけに目を覚ました私は、いったい何を書きたいのか、考えたのです。そして、この本の企画が生まれました。

　ですので、まず岸さんに感謝したいと思います。

　また、この本の企画は、別プロジェクトの副産物でもあります。その別プロジェクトが、「中尾の頭の中」のBot化プロジェクトです。

「中尾の頭の中」のＢｏｔ化プロジェクト

　私は、「はじめに」でも触れたように、経営者向けの「中尾塾」を主催しています。そこで毎週、様々な業種、規模の会社の、様々な年齢の50名を超える経営者の課題を解決するためのアドバイスをしています。

　そのアドバイスのコメントを2年前からメモしていて、Wordで実に1,100ページ、80万字を超える量があります。

　アドバイスの中身は、

A）私自身のマネジメント経験に関するもの

B）中尾塾に参加している他の経営者の経験に関するもの

C）私自身が過去に書いた10冊以上の書籍に関するもの

D）6年前からBusiness Insider Japanに寄稿をしている50以

上の記事に関するもの
E）23年間継続して、年間100冊読んできた、2,000冊以上
　の書籍に関するもの
　などに大別できます。

そして、「はじめに」で触れたように、毎週実施している中
尾塾を通じて、私がアドバイスした内容が、実際に実行された
のか、それは役に立ったのかもわかっています。

そこで、役立ったコンテンツを再整理して、
①実現したいゴール
②置かれた状況
③解決したい課題
　をインプットすると
④最適な解決策
　がアウトプットされるという、「中尾の頭の中」をBot化し
ようというプロジェクトを進めているのです。
　このBotができれば、①〜③をインプットすれば、私がいな
くても④をアウトプットすることができるわけです。

　ただ、このBotはまだ研究開発段階で、まだまだ先が見えま
せん。その一方で、前述の膨大なコンテンツと整理中の中間生

成物はあります。

　そこで、④最適な解決策が書籍である場合を抜き出せば、役に立つ書籍ができるなと考えて、本の企画にしたのです。

最後の感謝

　まず、この本を手に取って、最後の最後まで読んでくれた読者であるあなたに最大の感謝をします。この本で紹介した本があなたの課題解決の一助になれば嬉しいです。

　また、「おわりに」の冒頭で触れた PHP の岸さんに再度感謝します。岸さんの問いがなければ、この本はできなかったと思います。

　そして最後に、本を書く際にサポートしてくれた2人に感謝します。

　今回のプロジェクトと書籍化は、COEO 社の大崎さん、藤井さんと一緒に試行錯誤して進めました。2人には、Bot 化プロジェクトで様々な中間生成物を作るのをサポートしていただいています。

　そしてそれと同時に、この本の書籍化では、読者としてより読みやすいようにするアドバイスや一次校正まで支援してくれました。

　私は、本を書くことが好きなのですが、本を書くことは単独作業であり、ある意味孤独でもあります。その孤独な作業を2人が応援してくれたおかげで孤独感が和らぎました。とても感謝しています。

　引き続き、Bot 化の試行錯誤や他プロジェクトでもよろしくお願いします。

2023 年 1 月　中尾隆一郎

〈著者略歴〉

中尾隆一郎（なかお・りゅういちろう）
株式会社中尾マネジメント研究所（NMI）代表取締役社長

株式会社旅工房取締役。株式会社 LIFULL 取締役。株式会社 ZUU 取締役。株式会社博報堂テクノロジーズフェロー。東京電力フロンティアパートナーズ合同会社投資委員。LiNKX 株式会社監査役。

1964 年生まれ。大阪府摂津市出身。1989 年、大阪大学大学院工学研究科修士課程修了。同年、株式会社リクルート入社。2018 年まで 29 年間同社勤務。2019 年、NMI 設立。NMI の業務内容は、①業績向上コンサルティング、②経営者塾（中尾塾）、③経営者メンター、④講演・ワークショップ、⑤書籍執筆・出版。専門は、事業執行、事業開発、マーケティング、人材採用、組織づくり、KPI マネジメント、経営者育成、リーダー育成、OJT マネジメント、G-POP® マネジメント、管理会計など。

『最高の結果を出す KPI マネジメント』『最高の結果を出す KPI 実践ノート』『自分で考えて動く社員が育つ OJT マネジメント』『最高の成果を生み出すビジネススキル・プリンシプル』（以上、フォレスト出版）、『「数字で考える」は武器になる』『1000 人のエリートを育てた 爆伸びマネジメント』（以上、かんき出版）など著書多数。

リクルート時代の 29 年間では、主に住宅、テクノロジー、人材、ダイバーシティ、研究領域に従事。リクルートテクノロジーズ代表取締役社長、リクルート住まいカンパニー執行役員、リクルートワークス研究所副所長などを歴任。住宅領域の新規事業であるスーモカウンター推進室室長時代に、6 年間で売上を 30 倍、店舗数 12 倍、従業員数を 5 倍にした立役者。リクルートテクノロジーズ社長時代は、リクルートが掲げた「IT で勝つ」を、優秀な IT 人材の大量採用、早期活躍、低離職により実現。約 11 年間、リクルートグループの社内勉強会において「KPI」「数字の読み方」の講師を担当、人気講座となる。

「本当に役立った」マネジメントの名著
64冊を1冊にまとめてみた

2023年1月27日　第1版第1刷発行

著　　者	中尾　隆一郎	
発 行 者	永田　貴之	
発 行 所	株式会社PHP研究所	
	東京本部 〒135-8137 江東区豊洲5-6-52	
	ビジネス・教養出版部　☎03-3520-9619（編集）	
	普及部　☎03-3520-9630（販売）	
	京都本部 〒601-8411 京都市南区西九条北ノ内町11	
	PHP INTERFACE https://www.php.co.jp/	
組　　版	株式会社ウエル・プランニング	
印 刷 所	図書印刷株式会社	
製 本 所		

できるリーダーは、「これ」しかやらない

メンバーが自ら動き出す「任せ方」のコツ

リーダーが「頑張り方」を少し変えるだけで、部下は勝手に頑張り出す！　部下への〝任せ方〟を知らないばかりに疲れているリーダー必読！

伊庭正康 著

定価 本体一、五〇〇円（税別）

[図解&ノート] できるリーダーは、「これ」しかやらない

9割のマネジャーが知らない「正しい任せ方」

伊庭正康 著

17万部ベストセラーの「図解・ノート版」がついに登場。チェックリストと書き込みにより、誰でも「任せられるリーダー」になれる!

定価 本体一、二五〇円
（税別）

できるリーダーは、「これ」しかやらない ［聞き方・話し方編］

メンバーが自ら動き出す「30の質問」

17万部ベストセラーの「コミュニケーションノウハウ」を1冊に凝縮！ 指示・命令から雑談、1ON1まで豊富な会話例を元に解説。

伊庭正康 著

定価 本体一、五〇〇円（税別）